JANUSZ KORCZAK

Begegnungen und Erfahrungen

Kleine Essays

4., unveränderte Auflage

V&R

VANDENHOECK & RUPRECHT IN GÖTTINGEN

Aus dem Polnischen von Ruth Roos und Nina Kozlowski

Mit einer Einführung zu
„Eine Schule für das Leben" von Hans Roos

Janusz Korczak

geb. am 22.7.1878 oder 1879 in Warschau (bürgerlicher Name: Henryk Goldszmit). Studium der Medizin 1898–1903. Als Militärarzt im russisch-japanischen Krieg 1904/05. 1906–1910 Arzt in Warschauer Kinderkrankenhäusern, Aufenthalte in Berlin, Paris, London; in Freizeit und Urlaub als Erzieher in Ferienkolonien und in der „Schule für das Leben". Entschluß, sich ganz der Fürsorge für benachteiligte Kinder zu widmen: 1911 Übernahme des Waisenhauses „Dom Sierot"; 1919 Errichtung eines zweiten Waisenhauses „Nasz Dom". Leitung beider Häuser bis 1941. Im Zweiten Weltkrieg unter deutscher Besetzung aufopferungsvolle Tätigkeit im Warschauer Ghetto; von dort aus im August 1942 mit etwa 200 jüdischen Kindern Abtransport in das Vernichtungslager Treblinka.

Schon während des Studiums literarisch tätig; erfolgreich besonders mit pädagogischen Schriften, mit Rundfunksendungen und Jugendbüchern (z. B. „König Hänschen I.", „König Hänschen auf der einsamen Insel", 1923). Polnische Auswahlausgabe in vier Bänden, Warschau 1957/58 („Wybor Pism", Herausgeber Igor Newerly). Vorhandene Übersetzungen ins Deutsche; vgl. die Anzeigen am Ende dieses Bandes.

1972 wurde Janusz Korczak posthum mit dem Friedenspreis des Deutschen Buchhandels ausgezeichnet.

Die Deutsche Bibliothek – CIP-Einheitsaufnahme

Korczak, Janusz:
Begegnungen und Erfahrungen : kleine Essays / Janusz Korczak.
[Aus dem Poln. von Ruth Roos und Nina Kozlowski]. –
4., unveränd. Aufl. – Göttingen : Vandenhoeck und Ruprecht, 1991
(Kleine Vandenhoeck-Reihe ; 1372)
ISBN 3-525-33332-3

NE: GT
Vw: Goldszmit, Henryk [Wirkl. Name] → Korczak, Janusz

Kleine Vandenhoeck-Reihe 1372
4. Aufl. 1991
Umschlag: Hans Dieter Ullrich. – © Vandenhoeck & Ruprecht, Göttingen 1973. – Printed in Germany. – Ohne ausdrückliche Genehmigung des Verlages ist es nicht gestattet, das Buch oder Teile daraus auf foto- oder akustomechanischem Wege zu vervielfältigen. – Gesamtherstellung: Hubert & Co., Göttingen.

Dem Andenken
von
ELISABETH HEIMPEL
1902-1972

INHALT

DIE EINSAMKEIT DES KINDES

Oh, sei auf der Hut. Es ist nicht leicht. Du gehst in die Irre. Die Wege gabeln sich in so viele verschiedene Richtungen, in so viele Spuren — Fährten, Fußabdrücke, frische und verwehte, größere und kleinere — im Schnee, im Sand. Du verfehlst den Weg.

Es gibt keine Einsamkeit. Es gibt verschiedene, verschieden einsame Menschen, es gibt verschieden einsame Stunden. Es gibt keine Einsamkeit — keine Leere und kein Schweigen? Du wachst, du wartest, du nimmst Abschied, quälst dich und suchst — im Lärm, in der Stille — heimatlos, verwaist. Es schien nur so, als hättest du Wissen und Erkenntnis. Nein — nein. Es schien nur so. Nein — nein. Die Einsamkeit ist gut — ja — mild und heiter ist sie und rauh und grausam: ihre Wärme, ihre Kälte — sind sie Wermut oder Honig?

Wieder allein, weiterhin und immerdar allein, oder gar *endlich* allein? Die einsame Hütte, der Turm, der Palast, die Ruine? Allein im Gedränge, das um dich herum ist oder in dir selbst. Die graue, gereifte Einsamkeit, die seine oder die ihre, (denn anders ist die seine, und anders ist die ihre). Die rebellische Einsamkeit der jungen Sehnsucht und der jungen Regungen. Die verdrießliche, ungeduldige, launische Einsamkeit an der Schwelle zur Jugend — die Einsamkeit der ersten Fragen, des Warum, des Wie, Wodurch, Wohin und Wozu?

Aber ja — oh ja — es gibt die Einsamkeit des Kindes. Es gibt sie. Es will für sich und ganz allein und nur für sich die Mutter, den Vater haben, und auch ganz für sich allein die Welt und den Stern vom Firmament. Und in arglosem Staunen, in schmerzlicher Verwirrung erkennt es, daß dies unmöglich ist, daß dieser hier und jener dort, es selbst jedoch allein suchen und finden muß — niemand tut dies stellvertretend für es, niemand nimmt ihm das ab. Und so beginnt es zu bauen, in gesammelter Einsamkeit, möge sie ihm freundlich sein, nicht fremd, nicht feindlich.

Wenn ich manchmal nachdenke — das kommt wohl vor —, daß es nun genug sei und das Ende nicht fern, nur ein wenig mißlich — dieses letzte *Hier* und das erste *Dort* —, so beruhigt und tröstet es mich andererseits, daß der nicht weniger mühselige und schwere Augenblick *hinter mir* liegt — jener Augenblick, in dem der Mensch geboren wird: der erste Atemzug, der erste Blick. Das Leben — das wundersame Dasein, ein klein wenig zu lärmend und verworren: denn es ist nicht nur Körper, sondern auch Geist . . . Der Schmerz der Mutter. Freilich! Aber doch auch seiner, der Schmerz des Kindes, wenn sich die Nähte der Hirnschale schließen, wenn eine fremde Macht — der erste Schrei. Wie ein Dolch ist die Luft im Hals. Beklemmung liegt auf seiner Brust, und Eiseskälte erfüllt sein Inneres. Ratlos, wehrlos, nackt und einsam. Es zittert. Das erste Kreisen des nun schon eigenen Blutes. Das erste Bad — unbekannte, rauhe, schmerzhafte Berührungen. Fremde Elemente — Luft und Wasser. Es kann. Es atmet. Es lebt!

Die erste Süße der warmen Milch. Die Brust. Es kann. Es saugt. Es ist ein Wunder. Mit den Lippen, mit der Zunge, der Nase, der Kehle, der Speiseröhre muß es etwas tun. Die erste schwierige, nie geübte Mahlzeit. Und — der gesegnete Schlaf.

Der erste irrende Blick. Um es herum Lichter und Schatten, Wolken, Stimmen aus einer fernen Welt. Geschieht etwas? Seine eigene, einsame Klage, wenn ihm etwas weh tut. Es zuckt, es streckt sich, es blinzelt. Es bewegt sein Köpfchen, es gähnt und seufzt, das kleine Gesicht wird rot, es runzelt die Stirn, glättet sie wieder, hundert Grimassen, Bewegungen mit dem Munde, den Händen, den Beinen — da liegt es und schaut. Es erkennt sich selbst! Denn alles, was da bei ihm und um es herum ist, was über ihm und in ihm ist — dies alles zusammen — ist unerforscht und unentdeckt. Das Kissen und die Mutter, der Schein der Lampe und das Ticken der Uhr — es ist dies alles das eine Geheimnisvolle, Große (hier drinnen im Zimmer und dort draußen hinter der Fensterscheibe), und es selbst — eine matte Machtlosigkeit, ein gewichtiges, ein großes Rätsel.

Es schaut, es ist wach. Die Jahrhunderte gehen dahin. (Die Zeit des Kindes kennt keinen Kalender.)

Du forschest. Du probierst. Du übst dich, du allerjüngster Bürger. Du willst erkennen, aus dem Chaos etwas herausschälen. Du gehst aus dir heraus und nimmst Leben in dir auf — ein anderes, ein neues, ein beunruhigendes und unbegreifliches — aber ein schon genial erahntes und erstrebtes Leben.

Über das Wachen des kleinen Kindes, über diesen buntgefächerten Traum, zieht immer wieder der dunkle Schlaf dahin, in dem scheinbar nichts geschieht. Ein Schlaf voller Arbeit, der ordnet, aneinanderreiht, sortiert und baut, oh, es lächelt, schau, es staunt, — oh, Angst, Protest, es erlaubt nicht, es gibt nach, es will nicht, es verlangt — und sanfte Stille.

Augenblicke — Jahrhunderte in der Geschichte eines Daseins.

Schon hat es Bewußtsein.

Es gibt gute Geister. Geschrei ist die Zauberformel, sie herbeizulocken. Das Kind wird ruhig, wenn es wohlbekannte Schritte hört, die Ankündigung, daß eine warme, vertraute Wolke sich über seine Einsamkeit breiten wird, die besänftigt, die es satt macht und es nährt — eine barmherzige Wolke — wer? — die Mutter.

Es prüft seine Stimme, den eigenen Anteil im Chor der Töne. Wer sind jene, woher kommen sie, seit wann sind sie, wo bin ich??? Es prüft die eigenen Hände, anfangs auch fremde Schatten — ungehorsame, unverstandene — immer wieder erscheinende — nahe — bekannte. Sie zeigen sich — entschwinden wieder — irren umher, verlieren sich — sie sind nicht da — es sucht sie mit Blicken, eilt ihnen mit Worten nach, es ruft, es bittet — dann hat es sie, es saugt, — es schaut sie an — es spricht mit ihnen: „aba, abba, ada, ata, grr." Niemand tut dies stellvertretend für es. Niemand nimmt ihm das ab. Es muß allein. Es erkennt. Das wunderbare Werkzeug, das festhält, verteidigt, an sich heranzieht und wegstößt — das ihm erlaubt zu kämpfen und zu beherrschen. Es streckt bewußt die Händchen zum Licht hin — paaa, paa, es erkennt ihn, den gütigen — und den gestrengen. Es führt lange Gespräche, es forscht — es stellt Fragen. Es denkt — denkt — denkt ... Bis der feierliche Augenblick einer schöpferischen Erleuchtung kommt, wenn es zunächst unsicher, dann klarer, sicherer — weiß, nun ein für allemal weiß: der Schatten der Hand, die ich sehe, das einzige, was mir gehorcht und mein ist — das bin ich!

Ich rufe auf zur Demut vor diesem seinem Bemühen um den Sieg. Der Astronom spielt nicht, wenn er unermeßliche Weiten erforscht. Es spielt nicht der Bakteriologe, wenn er die Bewegungen des Lebens unter dem Mikroskop untersucht. Der Wanderer spielt nicht, wenn er sich seinen Weg durch Felsen hindurch zu unbekannten Gipfeln bahnt. Das kleine Kind spielt nicht, wenn es die fremde Welt seiner Hände, die fernen Gestade seiner Füße ausfindig macht. Vertieft in sein eigenes Plappern, dieses merkwürdige andere Ich, das es nicht sieht, nicht fassen kann, und das doch wichtig ist, für die Verbindung seiner selbst mit dem Leben, das da außerhalb von ihm dahinzieht, ein Leben voller Tatendrang und Streben, das fremden Geboten, Wahrheiten und Zwängen unterworfen ist.

Das Wort? Laß dich nicht verleiten. Auch es täuscht und enttäuscht. Es erklärt wohl manches, aber es führt auch in die Irre, es peitscht und schlägt Wunden.

Dein einsames Wort, Kind — nur du allein verstehst es so, wie du begreifst und fühlst, so wie du willst. Nur selten trifft es, wie es soll, oft aber bleibt es im luftleeren Raum hängen.

Schau: das Kind sitzt, es steht, es läuft. Übermütig vor lauter Freude läuft es, befreit von der fremden Macht, die es getragen, ihm Beistand geleistet, aber auch in seiner Freiheit beengt hat: *Ich allein! Ich ganz allein!*

Und es fällt hin oder bleibt stehen und senkt den Blick, es schaut, was für ein Zauberteppich dies wohl sei und welche Flügel ihm gewachsen sind — Füße, die es tragen — ich, *meine Macht!*

Es schlägt sich mit einem Stock auf den Kopf und schaut: was ist denn das da über mir, was gibt es da für unerforschte Dinge? Wieder ich — so viel davon — der Kopf — Gedanken, die sind noch schwieriger als das Sprechen. Aber man muß begreifen, um das Leben, die Welt und sich selbst miteinander in Einklang zu bringen. Erkenne!

Immerzu: ein Fingerchen, zwei Fingerchen, fünf, dann zehn. Dann keine Finger mehr: hundert, tausend, eine Million. „A" und „Z" — so viele Ausdrücke, Bilder, Zeichen . . .

Es hat sich verletzt (ein Messer, Glas) — Blut, was ist das? Es hört: In der Brust pocht das Herz. Was ist das? Im Spiegel sein eigenes Abbild: „Di-di, la-la" nein — *ich!* Zum erstenmal hat es sich mit den Augen der Mutter gesehen: oh — auch hier — und überall — ich!

Es jagt hinter einem Schmetterling her, es reckt sich, schon hat es ihn: nein, er ist davongeflogen und hat sich in einiger Entfernung niedergelassen: und wiederum reizt und täuscht er es — er ist so nahe und dann schon wieder so weit weg. Genauso wird es einer jeden Wahrheit und einer jeden Liebe nachjagen.

Ein kleiner Hund, ein Vogel, ein Insekt, der Bruder, der Vater, ein Ball, ein Bonbon, ein kleiner Hampelmann, eine Glasperle, ein Tropfen, Spinngeweb — groß, klein. Brennesseln haben es gebrannt — eine Wespe hat es gestochen — Wasser hat es verbrüht.

Die Mutter fragt sich, ob sie ihm schon Buchstaben zeigen kann, oder ob dies noch zu früh sei? Sie erkennt seine einsame Arbeit nicht, wenn es zusammenträgt, zusammenstellt, auswählt, vergißt oder im Gedächtnis behält, um weiterzukommen, um etwas zu behalten für morgen, für lange Zeit, für immer.

Du lehrst es, rätst ihm und erklärst. Aber unter seiner Kontrolle und unter seiner Zensur. Es verarbeitet selbst, es nimmt auf oder verwirft. Was es sich nicht selbst in der einsamen Aufbietung aller seiner Kräfte im Wachen und im Schlaf angeeignet und erobert hat — das bleibt nur leerer Schall, ein fremdes Gebilde, eine aufgezwungene Last. Das wird nicht wachsen und gedeihen.

Du hast ihm nur Milch, Brei und Grieß gegeben. Alles Weitere muß es selbst tun: vermischen, verarbeiten, ins Blut leiten und mit dem Sauerstoff seines Atems beleben — ein wundervoller Chemiker — ein Meister der Versorgung mit Lebensmitteln — er verteilt sie und ernährt Milliarden von Zellen; er wird verbinden und aufbauen (ein wundervoller Architekt!), er wird seine Gestalt, seine Entwicklung, sein Denken, sein Empfinden und seinen Willen formen (ein Künstler!).

Seine schöpferische Einsamkeit und sein selbständiges Bemühen, sein Streben nach Erkentnis — Freude, Trauer, Liebe, Zorn — ein langer Weg — immer allein und trotz alledem — Suchen, Irrtümer, Fehltritte — Niederlagen und Siege — so bezwingt es sich selbst und das Leben.

Ein kleiner Bub sagte einmal zu seinem Pferdchen (ich weiß nicht mehr, ob es ein Schaukelpferd oder eins auf Rädern war):

„Schau, mein Pferdchen, Du hast keine Mama, ich aber doch. Du hast keine Papa, ich aber doch. Und trotzdem bin ich genau so allein, so ganz allein auf der Welt . . .

DIE EINSAMKEIT DER JUGEND

Zunächst ein Gespräch mit der Mutter. Ich hielte es für das Beste, das Ganze auf sich beruhen zu lassen, denn wenn sogar die leibliche Mutter und die leibliche Tochter in ihrem ureigensten Bereich — was soll ich dann noch? Mißtrauisch ist sie, mein Gott, und überfüttert mit Moral. So eine „kleine Elster" weiß Bescheid, ich jedoch überhaupt nicht: darin liegt ihre Überlegenheit. Sie treibt dich derart in die Enge, daß es dir die Sprache verschlägt, oder — noch schlimmer — daß du anfängst, dich zu winden. Dabei ertappt sie dich und bestraft dich — und der alte Fuchs fällt schändlich herein. So ein junges Ding von heute ist ja so schrecklich sachlich, so logisch, so stolz und — ohne ihr zu nahe treten zu wollen — so schnippisch. Ich weiß nicht mehr, wie ich mit der Jugend umgehen soll ... Und vielleicht ist es sogar besser, wenn sie sich austobt, anstatt sich mir anzuvertrauen. Sie schaut einen vorwurfsvoll an — blinzelt, ihre Augen füllen sich mit Tränen, und sie bittet um einen brauchbaren Rat. ‚Du hast Erfahrung', sagt sie, ‚ich warte, gib mir doch ein Rezept ...'
Aber wenn sie Recht haben sollte, nicht in allem, aber doch zum Teil, was ist dann? Dann ist es doch wohl besser, ganz offiziell und sachlich ein Gespräch zu Ende zu führen, als daß sie einen voller Vorwurf anblickt und in Tränen ausbricht. Denn was soll man in einem solchen Falle tun? Sie auf die Stirne küssen?
Aber die Frau Mama bleibt beharrlich und traut mir zu, daß ich offener sprechen kann; und wenn ich dabei zu der Ansicht gelangen sollte, daß die Schuld bei ihnen — den Eltern — liege, daß man etwas tun müsse — gut, mit Vergnügen, sie hat Verständnis für ihre Tochter, sie hat es auf verschiedene Art und Weise versucht, aber jetzt hat sie die Geduld verloren ...
Ein Gespräch unter vier Augen (so haben wir es beschlossen). Also frage ich: „Nun, was ist? Arg schlimm?" Sie: „Die Mama hat wahrscheinlich gesagt, daß ich nicht weiß, was ich will, daß mir die fünfte Daube[1] fehlt und daß in meinem Kopf ein wirres Durcheinander herrscht."
„Und was noch?" „Reicht das nicht? Es tut mir leid, daß meine Mama mit mir unzufrieden ist." Und ein Seufzer.

---

[1] Polnische Redensart, die etwa dem deutschen „einen Sparren haben" entspricht.

„Das ist also schon alles? Diese Vorwürfe sind doch nicht so vernichtend. Diese Charakteristik ist sogar sympathisch und vielversprechend, würde ich sagen. Du *willst* — das ist doch die Hauptsache, daß Du überhaupt willst, Du weißt nur noch nicht, was. Nicht-Wissen, das ist gewissermaßen eine gute Eigenschaft. Es ist nicht leicht, wenn die Auswahl so groß ist. Nicht einmal bei einem Hut weißt Du, welchen Du nehmen sollst; Du bist unschlüssig, Du probierst einen an — je mehr Hüte, um so schwieriger ist die Wahl. Aber hier handelt es sich nicht um einen Hut und noch weniger um ein Kleidchen, sondern um Deinen Lebensweg. Wie gut, wenn jemand weiß, was er *nicht* will. Die fünfte Daube fehlt Dir? Ich bin zwar kein Küfer, aber vier Dauben sind doch ein nicht zu verachtendes Kapital. Die fünfte fehlt. Die kommt schon noch. Du bist wie ein Mensch, der anfängt, ein Vermögen zu erwerben. *Du hast Zeit.* Die fünfte Daube wird kommen. Zudem besteht ein Faß im allgemeinen aus zwanzig Dauben. Vielleicht hast Du neunzehn, vielleicht fehlt Dir nur eine, eben die fünfte? Ich weiß es nicht. Und in Deinem Kopf herrscht ein wirres Durcheinander? Das ist auch kein Vorwurf, sondern weit eher ein Lob. Du hast den Kopf nicht verloren. Du hast ihn, und das heutzutage, wo sogar verantwortungsvolle Menschen der totalen Kopflosigkeit verdächtigt werden. *Du* hast ihn erfreulicherweise, und Deine Mama gibt das auch zu. Und das wirre Durcheinander? Vortrefflich! Demnach ist Dein Kopf *nicht leer;* sobald ein wirres Durcheinander vorhanden ist, ist ja immerhin etwas darin. Es gibt diese Schränke mit Glasscheiben, darinnen Bücher, komplett gebunden, dem Format nach eingeordnet. Und niemand schlägt diese Bücher auf, niemand wirft einen Blick hinein, nie kommen neue hinzu. Aber *Ordnung* herrscht, die Bücher stehen in Reih' und Glied. In Deinem Kopf jedoch wird es immer mehr, jeden Tag kommt etwas Neues hinzu. Du häufst es an, wie es kommt. *Du sammelst, fügst etwas hinzu, stellst etwas um* — Eile, Unordnung und ein wirres Durcheinander. Du wirst es sortieren, ordnen. *Du hast Zeit.*"

Sie warf mir einen beleidigten Blick zu (schlimm!).

„Sie treiben ihren Spott mit mir! Gerade jetzt habe ich ja überhaupt keine Zeit!"

Sie kann nicht mehr frei atmen. Denn: Ausflüchte, Lügen, Falschheit. Sie will ein vollwertiger Mensch sein. (Oh!) Und wiederum:

doch Heuchelei, Phrasen, freundliches Lächeln, aber hinter dem Rücken Klatsch, Abneigung und Verrat.

Hm!

„Hast Du Dich mit Deiner Freundin gezankt?"

Nein, darüber ist sie längst hinaus. Sie ist doch kein Kind mehr (wir sind allesamt ein bißchen Kinder ...) Aber sie jedenfalls nicht! Zu der letzten Szene daheim kam es, weil sie nicht mit ihrer Mutter die Tante besuchen wollte — und sie wird nicht gehen! Die Tante hetzt die Mutter auf: sie haßt diese Tante!

„Schon gut, schon gut. Sei friedlich. Mach doch keine Tragödie daraus. Die Tante ..."

Um die Tante geht es hier ja gar nicht, sondern um das Grundsätzliche. Diese Bagatellen. Eine Szene wegen eines Kammes (nun, er war abhanden gekommen, sie hatte keinen anderen), eine Szene wegen eines verbotenen Filmes, wegen Pantöffelchen ...

Mit einem Mal:

„Wer einen Panzer hat, der kann sich alles erlauben!"

„Möchtest Du denn einen Panzer haben?"

Sie:

„Ich will keinen."

Sie blinzelt (schlimm!).

„Meinst Du denn nicht, daß Du Dir mit einem Panzer alles erlauben kannst?"

„Ich bin keine Egoistin. Ich weiß, was sich tut. Sie verstehen das nicht. Sie sind ein Vulkan, der erloschen ist."

„Hab' doch Mitleid mit mir, Mädchen. Was willst Du denn? Schau mir ins Gesicht und schäme Dich. Erloschen? Das ist doch ein geologisches Gesetz."

„Ein Mann kann das eben nicht verstehen, weil er kein Kind zur Welt bringt."

„Das ist auch ein Gesetz: er kann es nicht."

Sie schaute mich mißtrauisch an und gab ehrlich zu:

„Nehmen wir einmal an, daß ich etwas Dummes gesagt habe ..."

(Sie will, daß es für jeden Arbeit gibt, daß es keinen Hunger gibt. Sie will, daß alles anders ist. Aber wer will das nicht?)

Stille. Eine Pause. Daraufhin wieder ich, versöhnlich:

„Du hast geäußert: ‚Ewig diese Szenen.' Ewig — das ist ein gewichtiges Wort, man sollte es nicht mißbrauchen ..."

Und schon wieder weiß ich nicht, wie es weitergehen soll . . . Sie hat recht. Ich tu mich schwer mit einem Mädchen — mit einem Buben fällt es mir viel leichter . . . Das Gespräch verläuft dann viel sachlicher. Beispielsweise: ‚Sag' mir, junger Mann, was für eine Tarantel hat Dich gestochen? Welcher Teufel reitet Dich?' Ich weiß: Jugend, das ist gewissermaßen eine geistige Krankheit. (Irgend jemand hat einmal gesagt: ich bin aus der Jugend ausgerissen wie aus einer Irrenanstalt.) Nun ja, aber man soll Konflikte innerhalb eines günstigen Zeitraumes aus der Welt schaffen, damit ja keine Rückstände bleiben. Ein Gewitter? Immer noch besser, denn das entlädt sich. Die Eltern — auch sie, auch wir haben unsere Sorgen, unsere Schwierigkeiten, unsere Grillen und unsere Launen. Diese Widersprüche muß man innerhalb der Familie ausgleichen, so gut es eben geht.

Freilich, so kann man mit einem Buben umgehen. Aber wie mache ich es mit ihr?

Ich frage vorsichtig:

„Wie steht's mit dem Unterricht? Wer unterrichtet bei Euch? Eine Lehrerin oder ein Lehrer?"

„Da irren Sie sich aber", faucht sie mich an. „Glauben Sie etwa, ich sei verliebt?" (Über die Liebe ist sie auch schon hinausgewachsen — endgültig.)

Ich kratze mich mit dem Bleistift an meiner Glatze. Und sie:

„Ich bin doch nicht sentimental. Ich gebe mir genau Rechenschaft. Ich weiß: meine Mutter ist gut, die anderen sind gut, sie wollen das Gute, sie meinen es gut. Aber . . ."

Ihre Augen waren verschleiert und blind vor lauter Ratlosigkeit:

„Sie sprechen mit mir, Sie geben mir gute Ratschläge, und trotz alledem — ich bin einsam."

Jaa, aber dem ist nicht abzuhelfen. Niemand kann dies stellvertretend für Dich tun, niemand nimmt Dir das ab. Du kannst Dich weder herauswinden noch der Einsamkeit entfliehen. Du willst davonlaufen — sie wird Dich einholen, Du versteckst Dich — sie wird Dich finden. Man muß sich ihr stellen. Entweder wirst Du sie an den Haaren ziehen, oder sie Dich. Du mußt Dich entscheiden. Sei tapfer, nur zu, sei guten Mutes. Ist Dir etwas mißlungen? Steh dazu. Hat es weh getan? Das heilt wieder. Die Einsamkeit kann man vergeuden, mißachten, in den Schmutz zerren. Aber man kann sie auch bezwingen und mit ihr ein Bündnis schließen. Bezwungen, folgsam, erhebt sie einen und verleiht einem Härte und Kraft. Dann wirst Du sie schon fließend lesen können — die Schriftzeichen der Einsamkeit. Ihre Noten: langweilige Fingerübungen, später — Überraschungen und Eingeweiht-Sein.

Es ist schön, in zwei solch unbewegte Augen hineinzusprechen, die ich verstehen möchte. Aber: sei wachsam, mein Geist! Ein einziger unglücklicher Ausdruck — und Du hast Dein Ziel verfehlt.

„Die Einsamkeit kannst Du weder ansprechen noch kannst Du sie übertönen — das sage ich Dir. — *Phrasen* sind Dir zuwider; aber genauso übel und widerwärtig ist die *Pose.*"

Und sie:

„Ja, meine Mama bezeichnet mich auch als Komödiantin."

„Das ist unwichtig, drittrangig, eine reine Kosmetik des Zusammenlebens. Sag', wird es weniger Hungrige auf der Welt geben, wenn Du zu spät zum Mittagessen kommst? Wenn Du die Tür zuknallst, anstatt sie leise zu schließen, wird es deswegen mehr Arbeit geben? Wenn Du Deine Sachen nicht ordentlich in den Schrank legst, sondern sie hineinfeuerst . . ."

Sie:

„Hineinfeuern, welch ein liebenswürdiges Wort."

„Richtig. Bleiben wir sachlich. Die nichtigen Angelegenheiten (der Alltag besteht aus Bagatellen) muß man unter dem Gesichtspunkt betrachten, ob es denn nicht noch schlimmer sein könnte, ob ihretwegen etwa die Welt untergeht. Nicht so melodramatisch . . ."

Erneut Stille. Daraufhin sie:

„Ich verstehe mich selbst nicht."

„Es wäre langweilig, wenn es anders wäre."

Bis dann schließlich ein Wort fällt: *Glück.*

„Oh je. Glück? Sonst nichts. Vielleicht auch noch Ruhm? Ist das nicht ein bißchen zuviel der Gnade? Da schau her, wonach es das Grünschnäbelchen nicht alles gelüstet."

Das ist mir so rausgerutscht. Sie hat es sogleich aufgegriffen. Das schien ihr offensichtlich zu gefallen.

„Grünschnäbelchen? Woher haben Sie das denn? Ein solches Wort gibt es doch gar nicht!"

„Ich kann es zurücknehmen."

„Nein, warum denn. Ich werde im Wörterbuch nachschauen. Dann ist die Grundform von ‚Grünschnäbelchen' wahrscheinlich ‚Grünschnabel', so wie bei ‚Huhn' und ‚Hühnchen'. Ha ha ha."
Sie lacht. Dann wieder ernsthaft:
„Demnach gibt es also kein Glück und keinen Ruhm."
„Doch, es gibt beides."
„Dann ist's ja gut. Sie können mir glauben: ich habe Verständnis für meine Mutti, und ich habe es schon auf verschiedene Art und Weise versucht. Aber meine Mama ist unverbesserlich, und ich verliere oft die Geduld."
„Nun, was war's?" erkundigt sich später die Mutter.
„Nichts von Bedeutung. Aber vermeiden Sie doch Ausdrücke wie: Grillen, hineinfeuern, Komödiantin. Damit reizen Sie ihre Tochter. Die Jugend hat ihre eigenen, unerforschten Sympathien und Antipathien für bestimmte Ausdrücke. Und wiederholen Sie sich nicht zu oft. Junge Menschen lieben die Abwechslung. Sie hat mir gestanden, daß das Gespräch mit mir möglicherweise sogar besser verlaufen ist als andere . . ."
„So hat sie Ihnen das gesagt? Oh, was für eine Frechheit! Und was haben Sie darauf erwidert?"
„Nichts. Ich war zufrieden, gewissermaßen sogar stolz. Sie hat Ihnen in manchem auch Recht gegeben. Sie sagte, daß sie ein wenig nachdenken wolle und daß sie Verständnis für Sie habe."
„*Sie* — für *mich?!* Na danke, gleichfalls. Also, wissen Sie . . . Vielleicht wäre es ohne dieses Gespräch wahrhaftig besser gewesen . . ."

DIE EINSAMKEIT DES ALTERS

Sommer. Ein Park (verwildert). Ein Fluß. In der Nähe ein junger Fichtenwald, und in der Ferne ein zweiter Wald, in dem es „spukt". (Jawohl.) Irgend jemand hat dort irgend jemanden geliebt, irgend jemand hat dort — so sagt man — irgend jemanden totgeschlagen, und eben dort befindet sich die alte Linde, die man unbedingt gesehen haben muß. Dreihundert, fünfhundert Jahre alt — und die Jüngsten haben gar ausgerechnet, daß sie zweimal tausend Jahre zählt. „Wir werden Sie dorthin führen!"

15

Nun, wenn sie mir's zeigen müssen, wenn ich sie unbedingt sehen muß, immerhin: tausend Jahre — und wenn es dort gar spukt und wiederum so weit nicht ist und ich es nicht bereuen werde (sie wollen mir wirklich eine Freude machen!) — also gut. Wir brechen auf. Es ist heiß. (Sommer. Mittags.) „Oh, schauen Sie, schon ganz nahe, gleich sind wir da — oh, man kann sie schon sehen. Nicht wahr, wir haben Sie gar nicht überanstrengt?"

Endlich ist der Wald erreicht — und die Linde.

Ich bewundere sie (das muß man ja schließlich). Schattenspendend, weit ausladend . . . Ja. „Und wunderschön?" „Wunderschön." „Und so uralt." „Hm." „Imponierend." „Freilich." „Unheimlich alt und ehrwürdig." „Nun ja . . ."

Schon nehmen sie einander bei den Händen (ein unumgängliches Ritual) — sie schließen einen Kreis um den Baum, oh!

Ich setze mich hin. Und sie laufen herum, lachen, schwirren umher, rufen einander, suchen und machen Beute. „Nun, Kinder, es geht heimwärts, sonst kommen wir zu spät, und es gibt ein Ungewitter!"

Wir kehren zurück . . .

Ein andermal jedoch komme ich wieder zu Besuch, langsam, am Abend, diesmal allein, diesmal auf längere Zeit zu der Ehrwürdigen, Ur-Alten — diesmal wirklich allein. Bist Du es? Willst Du mit mir plaudern? Ich bin gekommen. Ich schaue sie an.

Ihr Stamm. Es sind Narben in der Rinde — zahlreiche — die Erfahrungen ihrer Jahrhunderte und ihrer Abenteuer. Zeichen (Hieroglyphen der Vergangenheit). Längst geheilte. Falten. Runzeln, Knorren und Auswüchse. Irgend jemand hat einmal etwas abgebrochen, etwas abgehauen.

Ich schaue in die Höhe. Eine grüne Masse. Schattig. Aber hoch droben — ich kann ihn sehen — ein großer, dürrer Ast, kraftlos hängt er herab, schwarz, seine Zweige sind abgestorben. Die Kinder haben diese Lücke in der Baumkrone nicht bemerkt.

Und hier unten, wo sie aus ihren Wurzeln herauswächst — was ist das? Zugeschüttet mit Erde und überwuchert vom Gras? Ich beginne, mit meinem Stock zu graben, herumzustochern wie ein Zahnarzt in einem kranken Zahn. Eine Öffnung — sie führt in die Tiefe, eine Baumhöhle, der Geruch von Feuchtigkeit. Nun ja . . .

Blätter gibt es da weniger, und sie sind kleiner, und ihr Grün scheint wie mit Rauhreif bedeckt — soviel kann ich mit bloßem Auge erkennen. Wie mag es unter der Erde aussehen? Wie kreisen die Säfte in den verkalkten Gefäßen? Spürt sie ein Reißen in den Gliedern, wenn Regen heraufzieht? Wie ist es, wenn sie hustet?

Sie blüht? Aber die Biene erkennt, daß die Süße ihrer Blüten — was Wunder? — keine Kraft mehr hat.

Inmitten des herausfordernden Grüns der Bäume, der erst kurze Zeit lebenden jungen, der Büsche, inmitten dieser grünen „Nipp-Figuren" steht sie, einzig in ihrer Art, in Gedanken versunken und einsam.

Ich sage nicht, worüber wir damals miteinander geplaudert haben, aber als ich fortging — man muß Abschied nehmen können —, da hab' ich es nicht gern getan. Ich habe ihr die Hand auf die Schulter gelegt und meinen Kopf geneigt: „Es ist doch wahr, daß eine Generation gar nicht so wichtig ist mit ihrem Unfug, ihren dummen Streichen? Leb' wohl! Bleib', wie Du bist, Schwester!"

Wann beginnt das Alter und seine Einsamkeit? Mit den ersten grauen Haaren, dem ersten morschen Zahn, der nicht mehr nachwächst, mit dem ersten oder mit dem zwölften Grabhügel eines Meisters, eines Arbeitskollegen, mit den Torheiten, oder mit den Hoffnungen? Oder mit einer Tochter, einem Sohn, die erwachsen werden, oder erst mit einem Enkel? Wie war das denn? Die erste Begegnung mit dem Alter? Kommt es näher, umstrickt es einen langsam — oder lauert es einem auf und stürzt sich plötzlich und mit ganzer Macht auf einen? Und Du? Wehrst Du Dich dagegen, oder fügst Du Dich?

Wird Deine Kraft schon geringer, während noch eine Fülle von Pflichten Deiner harrt, oder wirst Du allmählich immer weniger gebraucht und immer weniger begehrt, wirst Du beiseite geschoben, nur noch geduldet, verlassen, verstoßen? Bist Du im Wege?

Und die Klage: meine Schuld — die Schuld der anderen? Ist es nicht eigentlich niemandes Schuld? (Irrtümer, Fehler. Das ist der Lauf der Welt.) Kommst Du nicht mehr mit? Und neue Menschen und Ereignisse sind eine Qual für Dich.

Gute Augen muß man haben, gute Ohren, einen guten Geruchssinn und starke Muskeln. Aber Du? Du bist ein Invalide.

Einsamkeit inmitten derer, die es gut mit Dir meinen, die Dir nahe (und doch ferne)stehen, sogar inmitten jener, die es gut mit Dir meinen, die aber mit ihren eigenen jungen Sorgen beschäftigt sind; oder Einsamkeit inmitten solcher, die gleichgültig sind oder Dich nicht mögen (ein lästiger Mitmensch auf dem Altenteil). Jene anderen

17

aber macht das Morgen stark, reich und selbstbewußt. (Häßlich ist ein beleidigtes Alter und ohne Geborgenheit.)

Die Einsamkeit der Schwäche, der Enttäuschung, der Flucht, des Grolles, des Verlustes, der Niederlage?

Einsamkeit kann menschenleer sein, taub und blind — oder voller Menschen, voller Lärm und Glauben.

Die finstere Einsamkeit nicht verwirklichter, ehrgeiziger Pläne, banaler Begehrlichkeiten, der Selbstsucht; die dumpfe Luft der Leere, der Langeweile und des Überdrusses. Es geschieht nichts mehr, und nichts rührt Dich mehr auf. Du suchst nicht mehr des Rätsels Lösung, Du stellst keine Fragen mehr, sondern wartest darauf, daß irgend jemand Dir von außen her das Almosen der Rührung, der Gedanken oder des Willens hinwirft. Eine kalte, dürre Einsamkeit — eitel, neidisch, rachsüchtig — aufgeblasen, verbohrt — zudringlich, herrschsüchtig. Diese Einsamkeit beißt, sie wetzt sich an Dir, sie zersetzt Dich . . .

Wer bist Du? Ein Pilger, ein Wanderer, ein Schiffbrüchiger, ein Fahnenflüchtiger, ein Bankrotteur, ein Entgleister, ein Verbannter? Aber vielleicht hast Du sie nie gefunden, Deine Jugend nicht gefunden? Hast Du jemals geliebt, wie oft und was und wen und liebst Du jetzt?

Hast Du Dich je gefragt: wo ist sie, die Auserwählte, (wo der Auserwählte), was tut sie, und was denkt sie, ob sie sich noch an mich erinnert, ob sie mir schreiben wird, ob sie mich bald vergißt?

Vernichte solche Briefe nie! Sie nehmen wenig Platz ein. Die vergilbte Photographie, die zerbröckelnde kleine Blume, die rosa Schleife, das gepreßte Blatt. Schwermut, Andenken, Erinnerung: verschiedene Erinnerungen: lindernde, schmerzliche — sind auch schmutzige dabei, die wie Nixen aus dem Meer der Vergangenheit auftauchen?

Hast Du gelebt? Wieviel Boden hast Du umgepflügt? Wieviele Brote hast Du für andere Menschen gebacken? Wieviel hast Du gesät? Wieviele Bäume hast Du gepflanzt? Wieviele Ziegel hast Du zum Bau beigetragen, bevor Du fortgingst? Wieviele Knöpfe hast Du angenäht, wieviel geflickt und ausgebessert, wieviel schmutzige Wäsche hast Du — mehr oder minder gut — gewaschen? Wem hast Du Wärme gegeben und wieviel? Wie ist Dein Dienst gewesen? Wie sind die Abschnitte Deines Weges überschrieben?

Das Leben? Hast *Du* es verwirrt, oder hat es sich in irgendeiner Weise selbst verwirrt — ist es verronnen, und Du weißt selbst nicht einmal, wie? Bist du nicht zur rechten Zeit auf das Leben aufmerksam geworden, oder hat es Dich übersehen? Hat es Dich nicht gerufen — vielleicht hast Du dies überhört — hast Du Dich verhört, hast Du den Ruf nicht verstanden, hast Du nicht mit ihm Schritt halten können? Bist Du ihm entgegengelaufen, oder bist Du träge dahin getrottet?

Bist Du leichtfertig gewesen, oder hat man es Dir (Du Einfältiger!) abgelockt, hat man Dich (Du Unvorsichtiger!) beschwindelt, hat man's Dir abgeluchst, es Dir gestohlen? Hast Du es verspielt oder versoffen? Hast Du es vielleicht verschachert oder es liederlich verpraßt? Hast Du nur Dein eigenes Leben verspielt, oder auch das Leben derer, die an Dich geglaubt haben? Hast Du jemanden enttäuscht? Was hast Du aus dem Kapital der Anstrengungen und der Herzen, denen Du etwas gelobt hattest, gemacht? Hattest Du ehrlich vor, Dein Wort zu halten, oder hast Du mit einem Kuß schon einmal einen Verrat vorbereitet? Wieviele Tränen sind Deinetwegen geflossen, und wieviele hast Du getrocknet? Vor langer Zeit — früher einmal — in grauer Vorzeit?

Hast Du gelebt, oder hast Du lässig zugeschaut, wie das Leben neben Dir dahin geflossen ist? Hast Du das Steuer in die Hand genommen — oder hast Du Dich treiben lassen — einfach so und fertig? (Ihr glaubt mir nicht? Ich habe so jemanden gekannt; nicht, daß er geschwelgt hätte, er war stattlich, reich begütert — und dennoch nichts. Eine kleine Pastete, Kaviar, gesellschaftliche Vorzüge. Aufgefuttert — und Schluß, nichts weiter.)

Hast Du von Deinem Leben etwas abgegeben, etwas verteilt oder verschenkt? Wievieles hast Du verteidigt, um was hast Du gegekämpft?

Die Einsamkeit des Alters, ein Tagebuch — Beichte, Bilanz und Testament. Sorge wegen der Übergabe — was an wen? Die Fahne! Wird sie ein Schüler — ein einziger nur — ins Leben tragen?

Es ist nicht wichtig, ob bei Neon-Beleuchtung, mit vielen Lichtern oder nur bei einer kleinen Petroleumlampe: Wen hast Du gestützt, als er strauchelte, wen hast Du etwas gelehrt, und wem hast Du den Weg gezeigt? Ohne vorher fest mit Ruhm oder Dankbarkeit zu rechnen, ohne dafür eine Bezahlung zu fordern?

Es ist doch wahr, Du alte Linde in dem Walde, in dem es spukt, und wo man es vielleicht auch nicht verstand zu lieben? Es ist doch wahr, daß es viel mehr Gutes auf der Welt gibt — still, bescheiden, zaghaft; ahnt man nicht seine Macht?

Es ist doch wahr, Du alte Linde, daß eine einzelne Generation gar nicht so wichtig ist, daß es weder Kinder, noch junge Menschen, noch Greise, noch eine Einsamkeit gibt — gibt es nicht vielmehr nur verschiedene, verschieden einsame Menschen, Bäume, Tiere, Pflanzen und Steine?

Und sie ist stark, diese alte Linde — so stark wie ihr Schweigen, wenn sie Aug' in Auge dem ganzen Leben, seiner Vergangenheit und seiner Zukunft gegenübersteht — einsam und ganz allein mit Gott.

EINE SCHULE FÜR DAS LEBEN

Einführung von Hans Roos

Janusz Korczak war sechzig Jahre alt, als er 1938 seine „Drei Einsamkeiten" schrieb. Zu dieser Zeit hatte er sein „Haus der Waisen" in der Krochmalna-Straße, also im „oberen Arbeiterviertel Warschaus", schon siebenundzwanzig Jahre lang geleitet. Die unablässige Betreuung seiner Waisenkinder, unter denen sich sowohl „echte" als auch „soziale" Waisen befanden, hatten ihm einen reichen Schatz praktischer Erfahrung verschafft. Nach seinen „Erinnerungen", die er 1942 im Ghetto niederschrieb, besaß er damals „das Material von einem halben Tausend Gewichts- und Meßdiagrammen der Zöglinge", und überdies „vierunddreißig Notizblöcke" voller Aufzeichnungen über das seelische und geistige Wohl seiner Pflegekinder. Korczak kam wegen seines Todes in Treblinka nicht mehr dazu, die Summe seiner sozialfürsorgerischen, ärztlichen und pädagogischen Erfahrungen in einem umfassenden wissenschaftlichen Werk niederzulegen. Allein schon darum ist es unumgänglich, die heute schon fast vergessene Programmschrift „Eine Schule für das Leben" zu Rate zu ziehen. Der junge Korczak war 1908, als er die in dieser Schrift gesammelten Essays niederschrieb, noch nicht der in seinem Heim halb vergrabene Waisenvater, und auch noch nicht jener „Alte Doktor", aus dessen „Radioplaudereien" eine schon abgeklärte, weise und humorvolle Güte klang. Vielmehr war er damals ein temperamentvoller und leidenschaftlich engagierter Schriftsteller, der die soziale Not in dem Warschau der industriellen „Gründerzeit" durch seine „Kinder der Straße", durch das „Kind des Salons" und durch viele andere Feuilletons eindringlich geschildert hatte. Die Gewalt seiner Bilder, in denen sich Dokumentarisches, Visionäres und manchmal auch Groteskes in der ihm eigentümlichen Darstellungsweise mischten, die Ungeheuerlichkeit des von ihm veranschaulichten Leidens, und endlich seine Fähigkeit zur Erweckung des Empfindens moralischer Mitschuld — das waren Züge, die seine Leser in der „guten Gesellschaft" Warschaus an die „Elenden" von Victor Hugo oder auch an den „Bauch von Paris" von Emile Zola erinnerten. Seine schwerblütige, dunkle und bisweilen fast mystische Sprache, die er mit der literarischen Schule des „Jungen Polen" gemeinsam hatte, wirkte auf die feinhörige und sensible polnische Intelligenz mit besonderer Eindringlichkeit. Dieser literarische Ruhm trug erheblich dazu bei, daß der junge Korczak rasch zu einem der begehrtesten Ärzte der vornehmen Welt Warschaus wurde. In dem ärmlichen Viertel um das Kinder-Hospital in der Śliska-Straße, wo Korczak damals wohnte und arbeitete, behandelte er seine armen christlichen Patienten umsonst; von den armen jüdischen Kranken nahm er eine symbolische Kopeke, weil der Talmud diesen verkündete, „daß ein unbezahlter Arzt dem Kranken nicht hilft". Dagegen war Korczaks wissenschaftlicher Ruf bei der wohlhabenden Intelligenz, bei der Warschauer Magnaterie, bei den hohen russischen Beamten oder Offizieren und schließlich bei den Industrie-Potentaten derart gefestigt, daß er dort unbedenklich fürstliche „Professoren-Honorare" fordern durfte. Trotz alledem ließ sich Korczak — in ähnlicher Weise wie Albert Schweitzer — durch sein soziales Gewissen bestimmen, seine glänzende Zukunft, seine sichere Karriere aufzugeben und sich 1908—1911 für das bescheidene Amt eines Direktors des neugebauten Waisenhauses in der Krochmalna-Straße vorzubereiten. Gerade für diese Entscheidung aber bietet die „Schule für das Leben" die schönste und tiefste Begründung. In ihr schildert Korczak die Notwendigkeit, aber auch die Chance einer tatkräftigen Fürsorge für arme oder gar verwahrloste Kinder, wie er sie selber seit mehr als einem Jahrzehnt wahrgenommen hatte. So stellt diese Schrift geradezu einen Schlüssel für Korczaks spätere pädagogische Bemühungen dar.

In den Jahren 1905—1908 erlebte Korczak gewissermaßen seine „Sturm- und Drang-Zeit". Dies war angesichts des allgemeinen Zusammenbruchs, den der russisch-japanische Krieg von 1904—1905 und die damit verflochtene Revolution für das Russische Reich herbeiführten, mehr als verständlich. Durch die russischen Niederlagen in der Mandschurei enthüllte sich vor aller Welt, daß das mächtige russische Imperium seinem inneren Gefüge nach lediglich ein krankes, vernachlässigtes, zurückgebliebenes Entwicklungsland war. Korczak hatte diesen ersten Massenkrieg der modernen Geschichte als kaiserlicher „Stabskapitän im Sanitätsdienst" mitgemacht; er hatte Hunderttausende analphabetischer Bauern-Soldaten gutgläubig in den Tod gehen sehen, und er hatte Verwundetenzüge oder Seuchenlazarette betreut, in denen es an den primitivsten Heilmitteln fehlte. Schließlich hatte er eine geschlagene, meuternde, revolutionierte Armee erlebt, die Rennenkampf und andere russische Generale mit beispielloser Brutalität pazifizierten. Daher war Korczak ebenso wie die Mehrheit der damaligen russischen oder polnischen Intelligenz „selbstverständlich revolutionär" gesonnen. Gleichwohl kam er während eines Aufenthaltes auf irgendeiner namenlosen Station jener ostsibirischen Eisenbahn, die mit den Galgen Rennenkampfs „bekränzt" war, zu der erstaunlichen Erkenntnis, „daß es nicht erlaubt sei, Revolution zu machen, ohne an das Kind zu denken".

Als Korczak im Winter 1905—1906 nach Warschau zurückkehrte, festigte sich seine seit einem Jahrzehnt fundierte Überzeugung, allein der Sozialismus könne den kranken Gesellschaftskörper seines Vaterlandes gesund machen. Das Königreich Polen stellte damals den am höchsten industrialisierten Landesteil des Russischen Reiches dar, und hier war die Arbeiterschaft der nämlichen, für moderne Begriffe fast ungeheuerlichen Ausbeutung ausgesetzt, welche die älteren Industrieländer des Westens gerade eben überwunden hatten. Der recht unternehmerfreundliche Nationalökonom Stanisław Kempner, der auch eine berühmt gewordene Widerlegung der Theorien von Rosa Luxemburg schrieb, berechnete im März 1905, daß die kongreßpolnische Industrie einen „Gesamtgewinn" von 205,5 Mill. Rubeln erzielte, von denen sie lediglich 65,5 Millionen — also weniger als ein Drittel — als Löhne und Gehälter wieder auszahlte.

So war es erschreckende Wirklichkeit, wenn Korczak das Los von Arbeiterinnen schilderte, die achtzehn Stunden täglich Krawatten nähen mußten, ohne davon auch nur satt zu werden. Hoch qualifizierte Facharbeiter mußten froh sein, zwanzig Rubel in der Woche zu verdienen, von denen allein die Zimmermiete die Hälfte verschlang. Bei seinen Fahrten durch sein von der russischen Verwaltung fürchterlich vernachlässigtes polnisches Vaterland erkannte Korczak die Notwendigkeit, in den kleineren Städten Brunnen zu graben — dies war kaum verwunderlich, solange die größte Industriestadt des Russischen Reiches, das „polnische Manchester" Łódź, noch nicht einmal eine Wasserleitung besaß. Die furchtbare Wohnungsnot im „unteren Arbeiterviertel" Warschaus längs der Weichsel hatte Korczak schon vor Jahren entdeckt; in seinem „Kind des Salons" schrieb er über das Schicksal einer neunköpfigen Arbeiterfamilie, die zusammen mit zwei Untermietern — er war selber einer dieser beiden — in einem einzigen Zimmer hauste. So entwarf Korczak das grelle Bild eines unbesiegbaren Autokraten, des Kapitals, das „über den Ozean hinweg alle Länder und Völker in Fesseln gelegt" habe: „,Börse' — das ist sein Name, ,Gold' — das ist seine Armee." So wurde auch Marx für ihn zu einem Genius, der für die Menschheit den gleichen Rang besaß wie Kopernikus, Kant oder Darwin, und so verdammte er schließlich auch ganz folgerichtig den „Mehrwert, den wir ohne moralisches Recht erringen".

Angesichts dieser Zustände galt Korczaks „angewandte Sozialphilosophie" mehr als je zuvor den Kindern. Einmal waren die Kinder für ihn auch in normalen Zeiten schon „ein Proletariat auf kleinen Füßen, das mit der mühseligen Arbeit des Wachsens beschäftigt ist"; zum anderen litten die Kinder unter den Auswirkungen der Revolution in Warschau, die hier bis 1908 andauerte und mit ihren Massenstreiks, ihren Expropriationen, ihren Attentaten und Partisanenkämpfen geradezu den Charakter eines „Vierten Polnischen Aufstandes" annahm, ganz besonders schrecklich. Im Niedergang der Revolution traten sittliche Verrohung und Banditentum hervor, und es kam — namentlich in der Gegend von Korczaks Wohnsitz — zu jenen Straßenschlachten zwischen Arbeitern einerseits und Bordellwirten oder Zuhältern andererseits, welche die russische Polizei nur allzugern als „Ablenkung von der Revolution" inszenierte. Aus diesem Milieu heraus waren die pathetischen Philippiken zu verstehen, die Korczak gegen die volkstümlichen „Vergnügungen", gegen die vielen „abscheulichen Orgien" und sogar gegen die bürgerliche Familie überhaupt schleuderte. Von hier kam zweifellos auch der stärkste Anstoß, die „Kinder der Straße" durch praktisches Tun zu „gesunden, ausgeglichenen und tapferen Werktätigen zu erziehen". Dafür bestanden freilich gerade im damaligen Warschau dank des ungemein empfindlichen sozialen Gewissens der polnischen Gesellschaft nahezu einmalige Voraussetzungen. Die in der „Schule für das Leben" beschriebene Verbindung von Kindergärten, Schulen, Internaten oder Waisenhäusern mit organisatorisch zugehörigen Werkstätten, Hospitälern, Lesehallen, Sparkassen oder Arbeitsvermittlungsbüros war das Werk der „Warschauer Wohltätigkeits-Gesellschaft", in der Korczak mindestens seit dem Jahre 1904 tatkräftig mitarbeitete. Schon 1822 hatte das Statut dieser Gesellschaft festgelegt, daß bedürftige Kinder „durch die Lehre der Religion, des Schreibens, des Lesens und des Rechnens dem Schoße der sozialen Not und der Verwahrlosung entrissen werden und ein Handwerk lernen sollen". Dieses pädagogische Erbteil einer großen polnischen Tradition hatte sich trotz aller russischen Strafmaßnahmen, die vornehmlich den polnischen Unterricht immer wieder zu unterdrücken versuchten, bis zu den Zeiten Korczaks hin lebendig erhalten können. In den Jahren 1908—1913 verfügte die Wohltätigkeits-Gesellschaft über 47 Kindergärten oder Kinderkrippen, 11 Waisenhäuser, 17 Lehrwerkstätten, 23 Volks-Lesehallen sowie über eine Reihe von Volksküchen, Volksbädern, Hospitälern und Ambulatorien, Volks-Sparkassen und Büros für Arbeitsvermittlung; alle diese Anstalten standen untereinander in engen Beziehungen, ebenso aber auch mit dem dichten Netz von privaten Volks- und Oberschulen, die seit der Revolution von 1905 von den russischen Behörden wenigstens geduldet wurden und nicht mehr im Untergrund arbeiten mußten. Der Wohltätigkeits-Gesellschaft gehörte auch jene Anstalt „für Kinder mosaischer Konfession" in der Śliska-Straße an, die eine Vereinigung von Kindergarten, Internats-Schule, Kinderhospital und Lehrwerkstatt darstellte und Korczak 1906—1910 beschäftigte. Aufgrund der 1905 wenigstens theoretisch gewährten Vereinigungsfreiheit tauchten auch andere Fürsorge-Gesellschaften — wenn sie auch russischerseits nie legalisiert wurden — aus dem Untergrund auf: vor allem die „Hygienische Gesellschaft" mit ihren vielen Kinderhorten und Sanatorien, die „Kinderschutzgesellschaft" und die „Gesellschaft der Kinderfreunde", sowie die „Gesellschaft für Sommerkolonien", welche ihre seit 1890 geübte Praxis, schulpflichtige Kinder zur Erholung aufs Land zu schicken, nunmehr endlich auch legal durchführen durfte. Für die Arbeit in diesen „Sommerkolonien" opferte Korczak regelmäßig seinen Jahresurlaub. All diese Vereinigungen bewirkten, daß sich der Unterricht und die handwerkliche Ausbildung in demselben Warschau, das noch 1890 als „Hauptstadt der Analphabeten" hatte bezeichnet werden können, rasch und gründlich durchsetzten. Für Korczak war insbesondere der Verein „Hilfe für die Waisen" wertvoll, da dieser 1908—1911 zum Begründer seines Waisenhauses in der Krochmalna-Straße werden sollte.

Mithin entnahm Korczak die in seiner „Schule für das Leben" so typische Verbindung von Schul-Unterricht, Handwerkslehre, sozialer Fürsorge und Pflegedienst im Krankenhaus der schon vorgegebenen Praxis der Warschauer Wohltätigkeit. Aus dieser Tradition gesellschaftlicher Selbsthilfe, welche die Unterlassungs-Sünden des Staates wieder gutmachte, hohe Opfer an Geldmitteln und Arbeitskraft forderte und überdies noch mit ständiger Behinderung durch die Behörden zu rechnen hatte, erklärt sich auch Korczaks bittere Klage gegen die staatlichen Schulen; schließlich beruhte die russische Schule — wie schon Dostojevskij und Čechov bemerkt hatten — auf einer seltenen Vereinigung von Unbildung, geistloser Stoffanhäufung und Drill. So war es auch die für das „Warschauer Ethos" selbstverständliche, stillschweigende Pflichterfüllung gegenüber der Gesellschaft, die Korczak glauben ließ, sein armes Vaterland Polen werde die soziale Frage einstmals besser lösen können als das reiche Ausland, das er namentlich während seiner Berliner Studienzeit (Mitte 1906—Mitte 1907) kennengelernt hatte. Mit den Führern der deutschen Sozialdemokratie teilte Korczak die heute fast naiv anmutende Anschauung, Verbrechen oder Vergehen seien lediglich Auswirkungen von sozialen Krankheiten. Später freilich hat Korczak auch seine utopische Vision einer Bildungsgeschichte, die von scholastischer Enge zu der positivistischen Weite der Zukunft hinführen und zum ersten Mal in der Geschichte der Menschheit eine wirkliche „Schule des Volkes" hervorbringen würde, nüchtern und behutsam korrigiert. Indessen sollte bei all dem optimistischen Überschwang, der für den jungen Korczak so charakteristisch ist, doch niemals vergessen werden, daß neben Korczak allein noch Bertolt Brecht imstande war, den Glauben an das Gute im Menschen mit so leidenschaftlichem theatralischem Pathos darzustellen.

EINE SCHULE FÜR DAS LEBEN

Das Leihhaus

Die „gesunde" öffentliche Meinung entrüstete sich lebhaft über ein Leihhaus in unmittelbarer Nachbarschaft der Schule. Für die empfindliche Seele eines Kindes ist die Begegnung mit dieser rücksichtslosen, brutalen Institution eine ernsthafte Gefahr. Allzu früh wird die Seele des Kindes kalt und abgestumpft.

All' die großen Sorgen der kleinen Leute fließen in einem niemals abreißenden Strom durch das Leihhaus hindurch. Alle diejenigen, die den Boden unter den Füßen verloren haben, die sich mit letzter Willensanstrengung gerade noch an der Oberfläche halten, die verzweifelt gegen das Gespenst des endgültigen Untergangs ankämpfen, die mit getrübtem Blick dem erlöschenden Funken der Hoffnung nachzujagen versuchen — sie alle kommen hierher, um vielleicht zum letztenmal mit stolz erhobener Stirn einen Gegenstand, ein Werkzeug oder ein Schmuckstück gegen Geld einzutauschen; all' dies, nicht aber ihren Körper, nicht aber ihr Gewissen . . .

Für mich besteht eine große Ähnlichkeit zwischen einem Krankenhaus und einem Leihhaus. Hier wie dort bringt man etwas Kostbares zu uns, von dem man sich nicht für immer trennen will, was man zurückbekommen möchte, wenn es irgend möglich ist, wenn die Umstände günstiger sind, wenn . . . Vernünftiges Denken verstummt, zurück bleibt nur das Gefühl. Aus dem Krankenhaus kehrt der Vater heim, wieder arbeitsfähig; aus dem Leihhaus kommen die Werkzeuge des Handwerkers zurück, oder die Nähmaschine. Aber was ist, wenn sie nicht zurückkehren?

Unsere Abteilung für soziale Untersuchungen wendet sich an alle Familien, die ihre Raten und Prozente nicht fristgerecht bezahlt haben. Jedes Ding, das wir bei einer Versteigerung verkaufen, hat seine eigene Geschichte. Über das Schicksal eines leblosen Gebrauchsgegenstandes erhebt sich, gleich einer blassen Traumgestalt, das Schicksal einer ganzen Familie, die durch die Habsucht, den bösen Willen, den

Leichtsinn, einen Anflug von Unbesonnenheit oder auch nur durch ein winziges Mißverständnis von irgend jemandem aus dem Gleichgewicht gebracht wurde.

Wir verdanken dieser Abteilung Hunderte von langen Geschichten, und mit ihrer Hilfe ist es uns gelungen, viele unschätzbar wichtige Dokumente aus dem Leben zu erbeuten.

In diesem Bereich haben unsere Zöglinge zweierlei Aufgaben zu bewältigen: Sie sollen Tatsachenmaterial sammeln, und sie sollen versuchen herauszufinden, ob unsere Hilfe nicht irgendwo von Nutzen sein kann.

Und wir finden schlummernde Kräfte, die wir zum Leben erwecken können. Wieviele opferwillige Apostel unseres himmelblauen Glaubens haben wir hier gefunden.

Voller Staunen fragen wir sie, warum sie nicht von sich aus den Weg zu uns gefunden haben. Weil sie ratlos waren, haben sie ihn nicht gefunden, weil ihnen hundertfach Unrecht geschehen ist, haben sie das Vertrauen verloren, weil sie demütig in der Masse verborgen blieben, haben sie den Glauben an ihren eigenen Wert eingebüßt.

Halb verhungert hat die Frau, über den Tisch gebeugt, Tag für Tag achtzehn Stunden lang Krawatten genäht, ohne zu ahnen, daß in ihrem Herzen so viel Wärme war, wie man sie braucht, um Krankenpflegerin zu werden.

In ständigem Kampf hat der Mann sich mit der Unehrlichkeit seiner Kollegen-Rivalen herumgeschlagen, und deswegen wurde ihm nie bewußt, daß genug Kraft in ihm war, diese zu lenken.

Wir führen sie wieder zu sich selbst zurück, diese Menschen, die sich auf den verzweigten Wegen des Lebens verirrt haben, wir geben ihnen die Chance, aufzuatmen und Kraft und Zuversicht zu gewinnen; und wenn sie auf wundersame Weise ihr Gefühl wiedergewonnen haben, dann finden sie ihren Weg, diese „alten" Zöglinge unserer Schule, diese „alten Kinder", die von der Stiefmutter Menschheit so schnöde behandelt wurden.

Wie wenig Gewicht hat doch der Mensch in unserer Zeit, ob er nun von Kindheit an sich selbst überlassen, der Wirrnis des Lebens preisgegeben, oder ob er wohlbehütet gegen sie abgeschirmt worden ist. Den ersten behütet niemand, niemand reicht ihm die Hand und hilft ihm im Augenblick der Krise, niemand zeigt ihm den Weg. Solche Menschen irren in der Dunkelheit umher, sie drehen sich im Kreise, getrieben von der schwachen Brise ihres Lebens — ohne Ordnung, ohne Sinn, ohne einen verständigen und leitenden Willen. Und deswegen werden so viele wertvolle Kräfte vergeudet, deswegen gehen so viele seltene und kostbare Intuitionen unwiderruflich verloren.

Unordnung — ein oftmals gleichsam bewußt geduldeter Schaden. Das, was für den einen die Rettung wäre, gibt man einem anderen, für den es Gift ist. Das Gehirn, von der geistigen Arbeit mehrerer Generationen erschöpft, sollte sich eine Generation lang ausruhen können, um in der nächsten seine Leistungsfähigkeit, seine Selbständigkeit und seine Kraft wiederzuerlangen. Aber nein, wir spannen dieses kostbare, feinnervige und zugleich zarte Gehirn in das Joch einer Arbeit, die es in den Bankrott hineinführt. Und auf der anderen Seite lassen wir ein frisches und reifes Gehirn, das zum „Beackern" bereit ist, brach liegen, bis es verwildert, ohne Früchte zu tragen.

Die gesamte Menschheit unserer Tage ist das Ergebnis eines großen historischen Mißverständnisses; und Tausende Millionen lebendiger Wesen leiden, die nicht einmal wissen, wofür sie leiden . . .

Unsere Fragebögen bestehen nicht nur aus langen Zahlenkolonnen, sondern sie sind lebendige Bilder einer grellen Wirklichkeit; und deswegen sind sie von unschätzbarem Wert.

Eine Fahrt durch das Land

„Ich erinnere mich nicht" — das bedeutet: Man hat mir mit Gewalt eine überflüssige Information in mein Gedächtnis hineingepreßt.

Die Schüler der Schulen von heute behalten nichts im Gedächtnis, weder von der Geschichte noch von der Geographie.

Unsere Schüler können sich an alles erinnern, denn sie denken nicht in Namen, sondern in Bildern.

In einem Monat werden wir aufbrechen. Diese Fahrt ist die sommerliche Erholung, welche an die Stelle der zweiundfünfzig im Kalender rot angestrichenen Sonntage tritt — ein wahrer Wirbelsturm des Glücks. Jeden freien Augenblick verbringt man in den Kommissionen, in denen die Leitung und die technische Seite der Reise ausgearbeitet werden.

Es gibt zehn Gruppen von je dreißig bis fünfzig Zöglingen. Jeder einzelne nimmt eine genau umrissene Stellung innerhalb seiner

Gruppe ein. Also: der Photograph, der Kustos der botanischen Sammlung, der Kustos der mineralogischen Sammlung, der Chronist, die Zeltältesten, der Koch, der Stallknecht, der Kassenwart, der Fourier für den Einkauf des Proviants.

Proben werden abgehalten für das Zusammenlegen und das Aufbauen der Zelte, für das Aufschlagen des Lagers. Die Marschplanung haben wir vom Militär übernommen, sie lieferte auch das Vorbild für unsere Feldküchen. Beim Militär ist all dies ja bereits genau und zweckmäßig ausgearbeitet worden.

Ein herzhafter, dichter Regen festlicher Freude.

Mit Musik und den wehenden Fahnen unserer Schule rücken wir aus, durchqueren in schnellem Marsch die Stadt, die Buben und die Mädchen, paarweise. Die Stadt schaut uns erstaunt zu. Hinter jeder Gruppe die Wagen mit dem Gepäck.

Wir sagen uns Lebewohl und gehen auseinander, jede Gruppe in ihre Richtung.

Jeder hat seine Wege-Skizze und ein Notizbuch.

Wie man sich anhand einer Karte orientiert und was man sich merken muß — das wurde uns bei den Vorträgen und in den Sitzungen beigebracht.

Die erste Rast, die erste Nacht im Zeltlager.

Die Feldküche fährt voraus. Zwei berittene „Proviantmeister" kaufen Milch und Brot ein.

Eine längere Rast in einer kleinen Stadt. Wir bauen eine Ausstellung für die Einwohner auf; in zwei Stunden wird das Fest für die Kinder des Städtchens beginnen, bei dem wir feierlich Bäume pflanzen werden, und am Abend finden Vorträge sowie Lesungen mit „lebenden Bildern" statt. Es gibt Gespräche mit den Menschen in ihren Stuben und auf den Bauernhöfen; und einen kleinen Fragebogen. Der Arzt hält Sprechstunde in seinem Zelt; der eine oder andere ist mit einer Behandlung im Krankenhaus einverstanden. Die Krankenhaus-Abteilung unserer Schule wird davon benachrichtigt. Ein Jurist erteilt Rechtsauskünfte.

Die Einwohner sind damit einverstanden, daß wir einen Brunnen graben und ein Jahr lang Gebühren für das Wasser erheben. Wir werden ihnen einen Entwurf für diese Arbeit zuschicken.

Die Parole ist ausgegeben — wir marschieren weiter. Uns begleitet das freundliche und wehmütige Staunen der Einwohner, dasselbe

Staunen, mit dem wilde Stämme eine Forschungs-Expedition verabschieden, die nicht geplündert oder jemanden tyrannisiert hat, sondern freundlich und heiter — wie ein guter Traum — vor ihren Augen vorbeigezogen ist. Sie hatten soviel Schlechtes von solchen Menschen vernommen — das war demnach gelogen.

Nach einem Jahr werden wir hierher zurückkehren — reich an Erfahrungen. Es mag sein, daß noch in diesem Jahr eine der nachfolgenden Gruppen in dieselbe Richtung wandert.

Worin liegt das Geheimnis unseres Erfolges? Wie kommt es, daß wir eine solche Unmenge Arbeit in wenigen Stunden bewältigen können? Warum können wir uns in kürzester Zeit einen Überblick verschaffen, uns häuslich einrichten, uns mit den Einwohnern bekannt machen und uns mit ihnen anfreunden, warum können wir ihnen Anregungen geben, sie aufmuntern, sie unterhalten, sie etwas lehren und soviel Material für unsere Zwecke zusammentragen?

Weil unsere Zöglinge nicht von toten Papieren umgeben sind, sondern weil sie imstande sind zu sehen, zu fragen und zu sprechen. Weil sie zuerst mit einem Menschen, dann mit dreien, dann mit einer großen Familie, mit einem ganzen Auditorium gesprochen haben — heute sind sie bereits imstande, mit einer kleinen Stadt zu sprechen, morgen werden sie sich mit einer Großstadt verständigen, und später werden sie dann schließlich eine sehr interessante und grundsätzliche Absprache mit den Regierungen der Großmächte, mit der ganzen Welt treffen.

Sehen, Fragen stellen und auf Fragen antworten — das ist der Inhalt unseres Lebens, das ist der Inhalt unserer neuen Pädagogik...

Unser Leben besteht aus Tausenden von starken Gemütsbewegungen: einmal ist es das Lied am Morgen, wenn die Sonne aufgeht, oder die wohltuende Rast im Schatten eines alten Waldes; ein andermal ist es die anstrengende Arbeit in einer anderen kleinen Stadt, eine Reihe photographischer Aufnahmen, das rasche Verstreuen von Gedanken-Körnchen, schließlich eine Fabrik und dann wieder eine Wiese.

Das Zusammentreffen mit einer befreundeten Gruppe, eine knappe Berichterstattung, ein kurzer Austausch der Gedanken; ihr habt dies gesehen und wir das, ihr habt dies getan, wir etwas anderes.

Wir sagen einander Lebewohl, und ein jeder geht wieder seinen eigenen Weg.

Aber wieviel lebendige Arbeit erwartet uns noch nach unserer Heimkehr, bis wir alles gesammelte Material sortiert, zusammengefaßt, bearbeitet und ausgewertet haben. Es darf nichts verschwendet werden; ein jedes Dokument — und sei es die winzigste Einzelheit aus dem Leben eines einzigen Menschen, der irgendwo in weiter Ferne aus seiner Umgebung, aus seiner Bahn geworfen, von seinem Lebensweg abgekommen ist — ist wichtig und notwendig.

Wir haben große Flächen unseres Vaterlandes mit einem Netz überspannt, und wir können in hundert Richtungen Bildung ausstrahlen. Wie unwissend sie doch allesamt sind, wie ungeschickt, wie furchtsam — weder ein fester Wille, noch ein kraftvoller Gedanke. Wie arm sie doch sind! . . .

Das Spital

Einstmals — nehmen wir einmal an vorgestern —, knechteten Hunderte von Mit-Tätern aus der Kaste der gelehrten Intriganten das Volk, indem sie ihm befahlen, ihnen zu dienen. Eine Handvoll Übeltäter fing, um den Preis dreier Geheimnisse, die sie der Natur entrissen, Hunderttausende von Seelen ein und fesselte zweimal hunderttausend Hände, deren Muskel so stark wie Taue waren. Diese lebendigen Muskel-Taue entrissen den Eingeweiden der Erde das, was den Leibern der Herren dienen sollte, aber auch das, was geeignet war, ihre Schande zu verewigen. Seit jenem Tage litt das Volk, denn das Volk versteht ja so wundervoll zu leiden — vorgestern, sowie gestern und heute. Unter diesen Hunderten von Mit-Tätern gemeinsamer Verbrechen befanden sich drei Verräter, die fünf oder sieben Geheimnisse der Natur kannten oder ahnten; aber dies war nur einem oder zwei und demnach nur wenigen Menschen bekannt.

Du stehst in Gedanken versunken dem vorgestrigen Tage gegenüber.

Was geschah gestern, im Morgengrauen der Aufklärung?

Gestern, im Morgengrauen, da hatte das Schöne seinen eigenen Gott, die Trunksucht hatte ihren eigenen Gott — die Götter und die Göttinnen sündigten auf ihren hohen Bergen. Der starke Mann verkaufte den im Kampf Besiegten, oder er gebot ihm, ihm zu dienen. Sie alle, vor denen man Furcht hatte, kannten fünf oder sieben Geheimnisse, die sie der stolzen Natur entrissen hatten. Die Wahrheit

31

der Freiheit und die Lüge des Eigentums, aber auch viele Wahrheiten und viele Lügen überhaupt, huschten nur mühsam vorüber, wie tote Seelen, in dichte Nebel gehüllt. Gestern im Morgengrauen litt das Volk genauso, wie es vorgestern gelitten hatte, denn es versteht zu leiden — das Volk. Und es gab einen, oder zwei, oder drei Menschen, die neun, oder elf, oder dreizehn Geheimnisse der Natur kannten oder auch nur ahnten — aber es gab eben nur diesen Einen, einen Zweiten oder einen Dritten, und diese kannten eben nur neun oder nur dreizehn Geheimnisse. Sie kannten nicht die Bruderschaft des Hungers und der Tränen, und der Hungernde des Westens nannte die Tränen des Hungernden aus dem Osten Tränen eines Barbaren.

Du stehst in Gedanken versunken der Morgenfrühe des gestrigen Tages gegenüber.

Der Irrtum hat zarte, kleine Wurzeln und winzige Zweiglein — über der Erde breitet er sich rasch aus. Die Wahrheit gräbt lange unterirdische Kanäle im Granitgestein; und erst, wenn sie sich mit dem Gestein verschwistert hat, meißelt sie das erste Blatt.

Ein himmelblauer Irrtum hielt das Volk in seinem Wahn umfangen. Es ist ein Fehler, Unrecht zu vergeben, bevor der Wille, neues Unrecht zu begehen, gestorben ist; es ist ein Fehler zu lieben, wenn die Liebe selbst im Flußbett des Hasses versinkt, es ist ein Fehler, sich im Kampf mit der Hydra des Bösen zu ergeben. Aber gerade dies geschah am Mittag des gestrigen Tages.

Dieser himmelblaue Irrtum schläferte die Wachheit des Blickes ein, und so geriet jener Dritte in Vergessenheit, der insgesamt dreizehn Geheimnisse der neidischen Natur ahnte.

Und als der Natur in der Götterdämmerung des gestrigen Tages Hunderte und Aberhunderte von Geheimnissen entrissen wurden — da waren die Räuber, die aus dem allerlichtesten Irrtum und dem Wahne eines verträumten Glaubens den Nutzen zogen, vom Kopf bis zu den Füßen gepanzert.

Wir erleben die Dämmerung des gestrigen Tages — der heutige Tag wird erst morgen anbrechen. —

*

Als die Kirche noch so mächtig war, daß sie nicht nur mit der Androhung von Höllen-Strafen nach dem Tode, sondern auch mit dem Schrecken vor dem Gefängnis zu Lebzeiten herrschen konnte, da gestattete sie den Gelehrten wohl, sich Gedanken über die Natur zu machen — sie erlaubte ihnen jedoch nicht, einen Blick in die Natur hineinzuwerfen.

In finsteren Sälen mit düsteren Gewölben, ohne Sonne und ohne Grün, in grauen, spinnwebüberzogenen Gemäuern, über vergilbten Pergamentrollen, in Totenstille, die einsam und kühl war wie ein steinernes Grab, machte ein junger Gelehrter sich bereit für ein Amt, das über das Leben lebendiger Menschen entscheiden sollte.

Sich zu schämen war schon Sünde, ein Freudenschrei ein Verbrechen, und eine stolz erhobene Stirn das sichtbare Zeichen der Ketzerei. „Halte Dir mit knöchernen Händen die Ohren zu, und lies die roten Zeichen auf dem vergilbten Papier — und dann knie nieder, mit geschlossenen Augen, und denke nach."

Es ist kein Wunder, daß man Seuchen, die Dörfer und Städte entvölkerten, durch Fasten von sich abzuwenden versuchte; daß man Wahnsinnige auf dem Scheiterhaufen verbrannte; daß eine gute, aber unglückliche „Braut Christi" wachend ihre Hand über die Kranken hielt. Damals entdeckte man die Wirkung der Essenzen von Petersilie, Lindenblüten und Kamillen.

Zu dieser Zeit war der Arzt entweder ein Philosoph oder ein Betrüger.

Als die Macht der Kirche schwächer und die weltliche Macht stärker wurde, da sah man durch die Finger und ließ es hingehen, wenn die Naturwissenschaftler sich ihre eigenen Gedanken machten, Gedanken, die in der Heiligen Schrift nicht erwähnt werden.

Damals brach sich — neben dem Arzt, der bloß ein Gaukler an den herrschaftlichen Höfen war — zum ersten Male jener Arzt Bahn, der zugleich Philosoph und Naturwissenschaftler war. Aber er kannte lediglich die dreizehn Geheimnisse, die ihm der gestrige Tag überliefert hatte, und er glaubte noch an Tausende von Vorurteilen und an die Irrtümer der vielen vergangenen Tage. Und von diesen tausend Irrtümern mußte er jeden einzelnen mühsam aufspalten und sich davon überzeugen, daß die versteinerte Hülle kein Korn enthielt; und er mußte mit all jenen kämpfen, die in gutem Glauben darauf beharrten, daß der Reichtum ihres Wissens alle tausend und dreizehn Geheimnisse der Natur umfaßte.

Und diese mühevolle Arbeit währte bis zur Götterdämmerung des gestrigen Tages, den wir erst heute erleben.

Nur, daß . . .

Und ich wende ein weiteres Blatt der Geschichte um.

Die einstmals mächtigen Staaten sind schwach geworden. Und von ihrer Macht ist nicht einmal ein Schatten geblieben. Man hat aufgehört, an das blaue Blut der Nachkommen alter Geschlechter zu glauben. Der zweite Mythos der Geschichte ist in Schutt und Asche zerfallen. Ein anderer Herrscher hat sich der ganzen Welt bemächtigt, und er hat über den Ozean hinweg alle Länder und Völker in Fesseln gelegt — er ganz allein, ein Autokrat, ein Unbesiegbarer. „Börse" — das ist sein Name, „Gold" — das ist seine Armee.

Das Wissen jedoch wird auf dem Markt verschleudert, man hat begonnen, es meter- und kiloweise zu verkaufen, wie Reis oder Tuch, zu einem Preis, den der Markt bestimmt.

Und so gibt es in der Götterdämmerung des gestrigen Tages den Arzt, der zugleich Beamter und Händler ist. Noch taucht hier oder dort ein zu spät gekommener Philosoph oder ein Gaukler auf — aber beide werden bereits mit mißtrauischen Blicken angesehen.

Wo aber ist der Arzt — der *Mensch* ist? . . .

*

Die Schule der Götterdämmerung des gestrigen Tages lehrt den künftigen Arzt, daß er zwanzig Jahre lang schwarze Buchstaben auf weißem Papier zu lesen hat; aber wenn seine Sehkraft dann geschwächt und er schwerhörig geworden ist, wenn sein Geist eingeschläfert und ermattet ist, dann schleudert ihn die Götterdämmerung urplötzlich in den Strudel eines höchst verwickelten Lebens — eines Lebens, das in tausend Richtungen von den ihm bislang wohlbekannten Normen abweicht.

Allein der Wert des gesprochenen Wortes wird so hoch eingeschätzt, daß man einen künftigen Arzt nur dann und wann, in seltenen Fällen, einen Menschen sehen, daß man ihn kaum jemals sich einem Patienten nähern läßt; man erzählt dem künftigen Arzte lediglich, auf welcher anatomischen Tafel er nachlesen kann, was über den Patienten aufgezeichnet oder berichtet wurde, was dem Patienten — gemäß den Tafeln zahlreicher verflossener, zukünftiger oder gegenwärtiger (aber ferne stehender) Autoritäten — nun recht eigentlich fehlt. Und der lebendige Mensch wird immer kleiner, wird zu einem winzig kleinen Punkt auf dem großen Denkmal, das aus den Leichen von Menschen und aus den Leichen von Büchern errichtet worden ist.

Hier wird ein junger Mann ertränkt, der schon Leidenschaften und schon Laster hat, der nicht mehr selbstlos ist und nicht mehr opferwillig, der den reißenden Tatendrang in sich selbst schon längst erstickt hat — und er wird ertränkt in einer Flut von neuen Ausdrücken, er wird geblendet durch die Blitze fremder Farben und Lichter — und schließlich gibt man ihm den Befehl:
„Gehe hin und heile die Menschen — Du bist Arzt."
Der Arzt kommt zu einem Kranken und schaut ihn voller Staunen an.
„Da ist etwas, was sich bewegt — das ist ja doch kein Buch? Was soll ich denn damit anfangen?"
In einem Buch erklärt sich alles, eins aus dem anderen, es ergänzt sich, ein jeder Ausdruck steht an seinem Ort, ist wohlbekannt und verständlich. Dieses fremde Wesen hingegen, welches sich bewegt, ist wie ein Buch, das in einer dem Arzt fremden Sprache verfaßt ist — in der Sprache des Lebens. Anhand von fünf verständlichen Ausdrücken muß er nun eine ganze Seite entziffern; vielleicht wäre er dazu sogar noch imstande, weil man ihm Mathematik beigebracht hat — folglich kann er Silbenrätsel lösen. Aber von den zehn für ihn verständlichen Ausdrücken widersprechen drei einander.
Und ratlos läßt er die Hände in den Schoß sinken.
Hier kommt ihm der erfahrene Autodidakt zu Hilfe:
„Da hast Du nun zwei relative Wahrheiten; die sollten Dir eigentlich bis zu Deinem Tode genügen."
Was aber ist Lüge, und was ist Wahrheit?
Und er vernimmt, daß es sowohl die eine als auch die andere Wahrheit gibt, daß man ihn allerdings bestohlen hat: um die kostbarste und fruchtbarste Hälfte seines Lebens.

*

Die Juristen läßt die Götterdämmerung des gestrigen Tages überhaupt keine lebendigen Menschen sehen.

*

Und bei uns, wo ein eindeutiger Bankrott des Schulwesens offenbar wird, redet man von dessen Fehlern und Mängeln; aber Fehler kann man doch ausmerzen oder verbessern, und Mängel — beseitigen. Bei uns jedoch müßte man alles dem Erdboden gleichmachen.

*

Das Spital ist so sehr mit unserer Schule für das Leben zusammengewachsen, daß wir — wollten wir es abschaffen — unwiderbringlich das gesamte Gebäude zerstören würden. Körperliche Gebrechen sind so eng mit dem Leben verknüpft, daß es ohne das Spital keine Allgemeinbildung gibt und auch nicht geben kann. Diese Wahrheit hat nur die absolut blinde Schule der toten Papiere, der trägen Selbstbetrachtung, der gedankenlosen Ammenmärchen oder der Haarspaltereien verkennen können. Ein Spital lehrt einen, zu sehen und Schlußfolgerungen aus dem Gesehenen zu ziehen, es verlangt wachsame Tätigkeit, ständige schöpferische Gedankenarbeit und eine ständige Prüfung der eigenen Gedanken. Es lehrt einen, entschlossen zu handeln, und sich sogar mit den kleinsten Zweifeln auseinanderzusetzen und bestrebt zu sein, diese zu beseitigen! Ein Spital — das ist das allerschönste Handbuch der Naturwissenschaft und der Soziologie; die Wahrheiten, die es verkündet, wissen von keiner Widerlegung; die Fragen, die es stellt, sind mit Buchstaben aus Feuer niedergeschrieben, und seine Vorwürfe — sie sind auch nicht zu widerlegen. Es gibt keinen anderen Bereich des Lebens, in dem noch nicht erwiesene, formulierte, blendend helle und brennenden Fragen unter so starkem Druck konkret werden.

Unter unseren Zöglingen befindet sich keiner, der nicht die eine oder andere Abteilung des Spitals kennengelernt hätte, es gibt keinen unter ihnen, der nicht beim Abschied seine Weltanschauung grundlegend geändert hätte; und viele von ihnen bleiben für lange Zeit oder gar für immer bei uns.

Ein Schüler unserer Schule findet, wenn er aus dem Wartezimmer unseres Beratungsbüros oder aus unserem Lesesaal in das Wartezimmer einer Ambulanz kommt, auch hier die ihm vertraute Atmosphäre lebendiger Menschen wieder, die Hilfe suchen. Ein Schüler, der aus unserer Schulküche, aus unserer Armenküche, aus unserem Speisesaal oder aus unserer Werkstatt in die Küche oder in den Speisesaal eines Spitals kommt, findet hier wiederum vertraute Arbeitsbedingungen vor; die Aufsicht im Saal eines Spitals unterscheidet sich nur wenig von der Aufsicht in unserem Schlafsaal. Wer

Übung darin hat, Gemüse zuzubereiten, oder auch später Milch für die Kinderkrippe, dem wird es leicht fallen, in einer Apotheke eine Salbe zu bereiten. All dies ist seinerseits wieder nur eine Variante von mehr oder weniger komplizierten Tätigkeiten, die ihrerseits mehr oder weniger Verantwortung erfordern: diese Verantwortung wird allerdings immer größer.

Diejenigen, welche die Arbeit Minderjähriger im Spital für ein beinahe ungeheuerliches Experiment halten, vergessen dabei, daß unser jugendlicher Zögling intellektuell und moralisch reifer ist — reifer nicht nur als das Personal im Spital, sondern reifer auch als etwa ein junger Mediziner, der den Kopf voller abstrakter Theorien hat, der aber ebenso bar jeder Lebenserfahrung ist. Diese Leute vergessen, daß das Leben im Spital — wie jedes andere Leben auch — mit tausenderlei Tätigkeiten verbunden ist: diese reichen von so einfachen Tätigkeiten wie der, einem Blinden die Zeitung vorzulesen, einem Gelähmten die Kissen aufzuschütteln, einem Fiebernden ein Stückchen Eis in den Mund zu schieben, eine Kompresse zu erneuern, einem Patienten eine Schere, ein Medizin-Gläschen oder ein Glas Wasser zu reichen, bis hin zu den sehr schwierigen Tätigkeiten, die einer gründlichen wissenschaftlichen Vorbereitung bedürfen. Sie vergessen, daß all jene, die nicht bloß unbeteiligte Zuschauer, sondern aktive Mitarbeiter des Spitals sind, eine Fülle von rührender Dankbarkeit erleben. Wie sollten sie auch wissen, daß selbst ein Kind, welches Patient im Spital ist, immer ein aktiver und selbstloser Helfer für das Personal sein kann.

In meinen „Wanderjahren" habe ich von dem kleinen taubstummen Karl erzählt, welcher der gute Geist eines Saales im Spital war.

Wenn ein Halbwüchsiger imstande ist, die Akrobatik von Logarithmen sich anzueignen, dann sollte er eigentlich noch leichter begreifen können, warum ein seiner Aufsicht anvertrauter Kranker bläuliche Lippen, geschwollene Beine oder Nebengeräusche des Herzens bekommt. Und er wird von Tag zu Tag besser zu diagnostizieren lernen, wonach der Husten eines Patienten klingt, oder was die Färbung seiner Haut zu bedeuten hat; er wird lernen, jedes Aufstöhnen eines Patienten wahrzunehmen, und er wird lernen, diesen seinen Patienten geduldig zu beobachten und ihm aufmerksam zuzuhören. Und von Tag zu Tag wird er — über oberflächliches Wissen hinaus — zu ziemlich verzwickten Fragen vordringen; er wird einsehen lernen, wie jedes Problem sich verzweigt, wie es immer komplizierter wird und sich mit einer ganzen Reihe verwandter Fragen verflicht, wie es in die Breite, in die Tiefe und in die Höhe wächst, wie es sich schließlich in Widersprüche verwickelt und sodann unserem Bewußtsein entschlüpft. Und so wird er auch in diesem — wie in jedem anderen Falle — ganz einfach von dem ausgehen, was vorhanden — und folglich wohlbekannt und leicht verständlich — ist; dann wird er geistig allmählich so weit reifen, daß er die Probleme identifiziert, welche erst noch erforscht werden müssen. In seinem Geist aber wird sich niemals der zersetzende Bazillus des Dogmas einnisten.

Dieses System haben wir approbiert. In Übereinstimmung damit haben wir alle Arbeiten in der Ambulanz, in der Apotheke, in den Sälen der einzelnen Abteilungen nach bestimmten Kategorien aufgeteilt — also gemäß den Prinzipien der physischen, der moralischen und der intellektuellen Begabung, die zur Ausübung einer jeden dieser Arbeiten erforderlich ist; und dieses System hat uns weder in unserem Bereich noch irgendwo anders enttäuscht.

Das moderne Krankenhaus übersteigt, obwohl unendlich weit davon entfernt, vollkommen zu sein, allein durch seine Kosten schon jetzt bei weitem die Möglichkeiten einer Stadt oder einer Gemeinde — und deswegen gibt es für die Lösung der Krankenhausfrage gar keinen anderen Weg als den, die Krankenhäuser zu Lehranstalten umzubilden. Aber auch diese Wahrheit wird — wie viele ihresgleichen — absichtlich übersehen.

Wenn die Ärzte im Spital unserer Schule meistens nur acht Monate im Jahr in den einzelnen Abteilungen arbeiten, und das erwachsene Personal nur sechs Monate — damit sie Zeit gewinnen, um von einer andersartigen Arbeit jene Förderung ihrer Ausbildung zu erfahren, die ihnen in den Sälen unseres Spitals nicht zuteil werden kann —, dann wechseln unsere minderjährigen Mitarbeiter um so schneller und um so öfter. Wenn in den Abteilungen, die in besonderem Maße eine nervliche Anspannung erfordern, die Arbeit — was die täglichen Arbeitsstunden und die jährlichen Arbeitstage betrifft — noch stärker reduziert werden muß, dann muß dies für die jungen Mitarbeiter erst recht gelten.

Deswegen wird derjenige, der heute in einer Abteilung für Nervenkranke seinen Dienst versieht, schon nach einem Monat in eine andere Abteilung versetzt werden, damit er an einem weiteren theoretischen Kurs für Psychiatrie teilnehmen kann, um danach wieder — bereits auf einem höheren Stande seiner Ausbildung — zurückzukehren und dann Instrukteur zu werden; zwei Monate später aber wird er das Spital überhaupt verlassen, um andere Zöglinge bei einer Fahrt durch das Land zu begleiten. Noch später jedoch, wenn er sein inneres Gleichgewicht gewonnen hat, wird er seine frühere Tätigkeit wieder aufnehmen, und dann mit tieferem Verständnis; in diesen Monaten hat er viel Neues gesehen und gehört, und er hat selbständig darüber nachgedacht. Wenn er eine Aufgabe gefunden hat, die seinen Neigungen noch besser entspricht, kann es aber auch sein, daß er gar nicht mehr zu uns zurückkommt. Und wenn ein Erwachsener seine Arbeit nur dann gewissenhaft und mit Freude tun kann, wenn er dabei gleichzeitig die Erfahrung macht, daß er auf diese Weise einen immer höheren Grad seiner geistigen Entwicklung erreicht, dann trifft dies um so mehr für einen jungen Menschen zu.

„Jetzt bin ich also intellektuell und moralisch so weit gekommen, daß man mir eine derart verantwortungsvolle Tätigkeit anvertraut."
Dies ist zwar die einzige, aber auch die wertvollste Belohnung.
Wenn man vermeiden will, daß ein Mensch vor lauter Eintönigkeit müde wird, dann muß man ihm eben jeden Tag eine neue und verantwortungsvolle Aufgabe übertragen, so daß er spürt, daß er vorankommt.
Die Tätigkeit in der Abteilung für Geschlechtskranke erfordert eine ungemein hohe Qualifikation. Sie bedarf ferner einer so umfassenden Beschäftigung mit sozialen Fragen, wie sie nur eine langjährige und konsequente Vorbereitung durch Arbeit in möglichst vielseitigen Bereichen des Lebens erbringen kann. Wer noch nie damit befaßt war, die Menschen in einer Lesehalle zu überzeugen, daß sie sich die Schuhe abputzen oder die Hände waschen sollen, dem wird es nur in Ausnahmefällen gelingen, Prostituierte davon zu überzeugen, daß sie sich einer systematischen Behandlung unterziehen müssen.
Wer nicht in einer Schule für geistig behinderte, taubstumme oder blinde Kinder gelernt hat, Geduld und die Grundlagen der Didaktik zu üben, der wird niemals ein richtiger Lehrer werden können . . .
Ich habe gerade einige Auszüge aus Notizbüchern von unseren Zöglingen zur Hand:

1.

„Heute bin ich bei meinem Patienten gewesen. Ich weiß noch, wie der Husten ihn gequält hat, wie er nach Luft gerungen hat und wie er keine Kraft mehr hatte, seine Wünsche in Worte zu fassen. Nur mit einer schwachen Handbewegung konnte er mir noch zeigen, daß er Sauerstoff brauchte. Ich habe den Instrukteur gerufen: nach drei Minuten verschwand die Bläue von seinen Lippen, und sein Atem wurde ruhiger; dann schloß der Kranke die Augen und schlief schließlich ein. — Nachdem ich das gesehen habe, bin ich verpflichtet zu wissen, was Sauerstoff bedeutet. Diesem kleinen Zwischenfall verdanke ich es, daß ich meinen Weg gefunden habe. Ich arbeite schon seit vier Jahren im chemischen Laboratorium einer Apotheke. Ich bekomme keinen von den Menschen zu Gesicht, denen unsere Medikamente Erleichterung verschaffen — diesen Einen aber sehe ich immer vor mir."

2.

„Als ich nach dieser einen Woche wieder zu normalen Menschen kam, da war mir, als sei ich aus tiefster Finsternis ins Licht der Sonne hinaus getreten; meine Seele war voller Dankbarkeit, daß die Natur die Vorräte menschlicher Geisteskraft so wunderbar gleichmäßig ausgewogen hat. — Nun fühle ich mich voller Kraft für einen Kampf, der jede Übermacht dazu zwingen wird, das Recht des menschlichen Geistes auf seine vollständige, freudige Entfaltung anzuerkennen."

3.

„Ich liebe meine Schule für die geistig Zurückgebliebenen — ich liebe diese großen Leute, in denen der Geist nur schwach flackert — wie viel wertvoller ist für mich ein leichter Hauch ihres Lächelns, weil er so selten ist, weil er ihnen so viel Mühe bereitet. Diese armen Menschen entbehren so viele wunderbare Freudenschreie des erstaunten menschlichen Geistes. Da hat einer seinen Knopf allein zugeknöpft, nun wartet er auf ein Lob: solch eine wichtige und schwierige Arbeit hat er selbständig vollbracht. Ich könnte gar nicht mehr unter normalen Leuten arbeiten, unter solch prahlerischen Millionären, die von der Natur so reich begabt worden sind. Diese meine Guten, meine Unschuldigen! Ihre ganze Schuld besteht darin, daß ihr

Vater ein armer Teufel oder ihre Mutter eine Säuferin war, daß sie als kleine Kinder einmal aus ihrer Wiege fielen, weil niemand auf sie achtgab, daß ihr Gehirn zu klein ist, oder daß es an einer verborgenen Stelle eine alte und tote Narbe hat."

*

Manch einer hat unserer Schule den Vorwurf gemacht, daß sie ganze Heerscharen von Menschen zu unstetem Streben und oberflächlichem Wissen erziehe, daß man bei uns allzu leicht von einer Abteilung in eine andere hinüberwechseln könne, ohne System und ohne Plan, daß man allzu leicht durch einen Vortrag, eine Vorlesung oder durch eine populäre Broschüre bruchstückhaftes Wissen aus dem einen oder anderen Gebiet sich aneignen könne. In deren Schulen aber, oh Wunder, werden nach Plan solche Lehrstoffe gelehrt, welche die Schüler schnell und spurlos vergessen; die wichtigsten und wesentlichsten Informationen schöpfen diese Schüler hingegen — aus Zeitungen. Bei uns muß sich der Schüler doch ständig bemühen, er muß andauernd und gründlich dazulernen, weil er sonst die Stellung, die er gerne einnehmen möchte, gar nicht bekäme; und selbst, wenn er sie bekäme, so würde ihn das Leben nach der ersten Prüfung von ihr verstoßen, weil er ungeeignet wäre.
Die Unstetigkeit unserer Bestrebungen besteht nur scheinbar. Der Schüler lernt beständig, er verliert also keine Zeit, er hält vielmehr gleichzeitig nach dem Ausschau, was seinen eigenen Neigungen am meisten entgegenkommt. Indem er die „allgemeine Bildung" des Lebens erringt, reift er heran, und kann sich schließlich auf einem Gebiet spezialisieren. Indessen „reifen" die einen früher, die anderen später — sie reifen jedoch nur in Ausnahmefällen so spät wie die anderen in den staatlichen Schulen . . .
Es ist hier nicht der Ort, alle die wissenschaftlichen Arbeiten aufzuzählen, die den Stempel unserer „Schule für das Leben" tragen.

Ein neuer Schüler

In den Sommerkolonien lernt der Zögling: sich zu waschen, sich anzuziehen, sein Bett zu machen, Kleidung und Schuhwerk zu reinigen, sich bei Tisch zu bedienen, er lernt den Plan einer Schule für das Leben kennen und desgleichen die Aufgaben, die sie stellt. Zusammen mit diesem Plan erhält er einen ersten oberflächlichen Eindruck dessen, was in den einzelnen Abteilungen geschieht. Hier wird keine tote Wissenschaft anhand von Zeichnungen und Modellen betrieben; unsere Sommerkolonie ist nach dem Vorbild einer Schule für das Leben aufgebaut, und danach wird sie auch geführt; hier wie dort gibt es eine Bibliothek, Werkstätten, eine Farm und ein Krankenhaus; in der Sommerkolonie fehlen nur noch einige wenige Abteilungen, und wenn von diesen die Rede ist, so ist der Zögling immerhin sicher, daß er sie in zwei Wochen, in zehn Tagen, binnen Wochenfrist oder morgen bei uns erleben wird.

Wenn ein neuer Schüler aus der Sommerkolonie zu uns kommt, erhält er einen Stuhl im Speisesaal und ein Bett nebst Schrank im Schlafsaal. In Begleitung eines unserer Mentoren begibt er sich in eine Klasse, wo er dem weiteren Verlauf des gestern in der Sommerkolonie unterbrochenen Unterrichts folgen kann: über die Einteilung von Städten in Bezirke, über Straßen, über die Numerierung von Häusern und Wohnungen. Heute wird er sich außerdem näher nach dem Plan für die beiden darauffolgenden Tage erkundigen. Er wird sich erkundigen, welches Amt er übernehmen soll, warum und für wie lange, was er am heutigen Tag innerhalb der Schule besichtigen wird und was außerhalb der Schule, in der Stadt.

Noch am gleichen Tage tritt er dann sein Amt im Internat an; er soll eine genau festgelegte, nicht übermäßig große Anzahl von Arbeiten der niederen Rangstufe ausführen — also wirklich einfache, weniger verantwortungsvolle und leicht überprüfbare Arbeiten. Die kürzeste Verpflichtung zur Arbeit umfaßt einen Zeitraum von fünf Tagen, wobei auf jeden Tag eine Arbeitsstunde entfällt. Diese minimale Dauer einer Arbeitsverpflichtung steigert sich in dem Maße, in dem sich der Schüler freiwillig bereit erklärt, immer schwierigere und verantwortungsvollere Tätigkeiten zu übernehmen.

Wenn der Schüler das Internat, das ihm schon von der Sommerkolonie her einigermaßen vertraut ist, zunächst einmal oberflächlich kennengelernt hat, wenn er sodann mit dem Speisesaal und der Volksküche genauere Bekanntschaft geschlossen hat, und wenn er schließlich den Stundenplan für den heutigen Tag erfahren hat, dann tritt er seinen Dienst an.

Nunmehr muß er eine Stunde lang die Aufsicht über den Gang in dem Stockwerk führen, in dem sich die Klassenzimmer befinden. An

Ort und Stelle trifft er einen Kameraden, der ihn mit seinen Aufgaben vertraut macht und ihm gleichzeitig sein Amt übergibt.

„Dies ist der Schlüssel für die Gerätekammer; darin findest Du alle Geräte, mit denen Du den Fußboden einsprengen und kehren kannst, desgleichen einen Putzlappen für das Waschbecken, Handtücher, Tafeln für den Unterricht und so weiter. An der Tür hängt ein Blatt mit dem Verzeichnis all dieser Geräte und mit einer genauen Angabe, wo jedes einzelne seinen Platz hat."

Hier ist solch eine Liste von Arbeiten, die der Diensthabende im Verlauf einer Stunde zu verrichten hat:

1. Den Gang mit Wasser einsprengen und kehren.

2. Die Waschbecken und die Wasserhähne blankputzen.

3. Die Handtücher auswechseln.

4. Die Anzeigetafeln an den Türen der Klassenzimmer austauschen.

5. Die Klassenzimmer drei Minuten vor Unterrichtsbeginn aufschließen.

6. Die Klassenzimmer x Minuten lang (je nach Jahreszeit oder den Umständen entsprechend) lüften.

7. Den Tagesdienst seinem Nachfolger übergeben und diesem jede Beschädigung melden.

Wenn der Schüler damit vertraut ist, wird er von seinem Mentor an ein Mitglied der Kommission für die Untersuchung sozialer Fragen verwiesen. Zusammen mit diesem verläßt der Schüler den eigentlichen Bereich der Schule und lernt unterwegs anhand von praktischen Beispielen die Kunst, Adressen aufzuspüren. Die beiden suchen gemeinsam zwei oder drei Familien auf, um Informationen zu sammeln; dabei kann der Schüler gleich zwei interessanten Gesprächen zuhören: einmal dem Gespräch mit einem Absolventen unserer Schule für das Leben und zum anderen dem Gespräch mit dem Leben selbst.

An diesem Tage besichtigt er dann noch einige weitere Abteilungen unserer Schule für das Leben; und am Abend besucht er eine Theatervorstellung. Nach alledem kann er später über diesen ersten, in der neuen Umgebung verbrachten Tag Rechenschaft ablegen . . .

Ihr, meine Leser, braucht nicht zu befürchten, daß wir einen Schüler zu vielen Eindrücken auf einmal aussetzen: Hundertmal stärker sind die Eindrücke, die er empfängt, wenn er „Indianer" spielt oder eine Geschichte liest, die von einem Schwarzkünstler handelt, oder wenn er in der Religionsstunde von der Erschaffung der Welt hört.

Ihr braucht auch nicht zu befürchten, daß er sich in der neuen Umgebung vereinsamt oder eingeschüchtert fühlt. Diese ist ihm aus den Sommerkolonien bekannt; zudem wird er gewiß Kameraden treffen, die durch gemeinsame Interessen mit ihm verbunden sind und auf dem gleichen geistigen Niveau stehen wie er. Die geistig Höherstehenden lernt er einfach dadurch kennen, daß er, ohne selbst etwas zu tun, mit ihnen geht, indem er ihnen bei ihrer Arbeit zuschaut . . .

Der morgige Tag wird sich vom heutigen Tag dadurch unterscheiden, daß der Zögling seinen Dienst auf dem Gang selbständig versehen und, wenn er es wünscht, eine zweite Tätigkeit dazu übernehmen kann — sei es im Schlafsaal, in der Küche oder im Speisesaal des Internats.

Am fünften Tag tritt der neue Schüler bereits in der Rolle des Instrukteurs auf, denn nunmehr übergibt er seine frühere Tätigkeit einem neuen Kameraden. Im Verlauf dieser fünf Tage hat er die Farm und die Werkstatt kennengelernt, hat er sich mit einer Menge verschiedenere Tätigkeitsfelder vertraut gemacht und eine ganze Reihe von Arbeiten gesehen, die seine Kameraden verrichteten; und er hat das unklare Empfinden, daß er hierhin oder dorthin noch einmal zurückkehren möchte, um sich alles noch einmal ganz genau einzuprägen und nach allem noch einmal zu fragen — oder vielleicht auch aus dem Grunde, weil er selbst etwas anfangen, selbst etwas ausprobieren möchte.

„Was ist das? Wofür ist das gut? Weshalb und wozu?"

Auf jede dieser Fragen wird ihm eine kurze und klare Antwort zuteil, und zwar von jemandem, der Bescheid weiß, der alles kennt, weil er dies alles selbst getan hat — auf keinen Fall jedoch, weil er einmal davon gehört oder in Büchern darüber gelesen hat. Und der Schüler wird erfahren, welchen Weg er einschlagen und wieviel Wegstrecke er abwandern muß, um sich aus eigener Kraft heraus eben der Arbeit stellen zu können, die ihn lockt.

Schritt für Schritt und vorsichtig verpflichtet er sich zur Ausführung der einen oder der anderen Tätigkeit. Schritt für Schritt, weil das Statut unserer Schule die Anzahl von Ämtern, die man gleichzeitig übernehmen darf, einschränkt; vorsichtig, weil die Erfahrung einen solch jungen „Werktätigen" lehrt, nicht dem ersten trügerischen Eindruck zu unterliegen, weil dieser rasch verfliegt, während die Verpflichtung bestehen bleibt.

Welche Schule hat bisher diese wichtigste, diese wesentlichste Lebenswahrheit gelehrt, daß man für eine kleine Unachtsamkeit, für einen spontanen Zornesausbruch mit jahrelangen, ja sogar jahrzehntelangen Leiden bezahlen muß; welche Schule hat dies Schritt für Schritt und systematisch gelehrt?

Das Sinnen und Trachten eines Arztes und Pädagogen wacht sorgsam über jeden einzelnen seiner Schüler. Die Diagnose der geistigen und körperlichen Konstitution eines Schülers, die in der Sommerkolonie gestellt worden ist, wird durch Tagesberichte ergänzt, die von ihm selbst sowie von all denen stammen, mit denen er im Laufe eines Tages zusammen gewesen ist. Es besteht keinerlei Notwendigkeit, ihm voreilige Ratschläge und Hinweise aufzudrängen; er soll seine Fehler ruhig selbst machen und dann selbst nach ihnen suchen; allerdings sollte man ihn sorgfältig im Auge behalten, damit man ihm in einem kritischen Augenblick zu Hilfe kommen kann.

Die Erfahrung hat uns gelehrt, daß ein Zögling zunächst alle zehn Tage, später jedoch alle fünf Tage zum Arzt kommen soll — und dies, obwohl wir während der ersten Jahre des Bestehens unserer Schule vollkommen entgegengesetzter Meinung gewesen sind und dementsprechend anders gehandelt haben.

Von Tag zu Tag lernt der Schüler den gesamten Umkreis seines Lebens besser kennen, er wächst in seine neue Umgebung hinein, er löst sich von der Hand seines Betreuers, an dessen Stelle jetzt eine ganze Reihe von Mentoren tritt, von Sachverständigen also aus den verschiedenen Abteilungen unserer Schule. So füllt sich allmählich der Stundenplan eines Schülers der Schule für das Leben, und bald wird aus dem Zuschauer ein Mitarbeiter und aus dem Zuhörer ein Lehrer; denn es ist unumgänglich, daß der Schüler einer passiven Rolle bald müde wird, und daß in ihm der Wunsch erwacht, die eigenen Kräfte zu erproben.

Zwei Wege stehen ihm jetzt offen zur Wahl: er kann sich entweder für einen längeren Zeitraum dazu verpflichten, eine Tätigkeit niederen Ranges zu verrichten, oder er kann sich möglichst rasch das Wissen aneignen, das zur Ausführung einer höher qualifizierten Tätigkeit unerläßlich ist.

Und deshalb nimmt — obwohl wir keinen Zwang ausüben — das Erlernen des Schreibens, des Rechtschreibens, des Schönschreibens und des Rechnens bei uns einen ebenso wichtigen Platz ein, wie dies in allen Schulen der Fall ist — nur mit dem Unterschied, daß dies bei uns unendlich viel schneller und verständiger geschieht. Und daher ist es bemerkenswert, daß sich der freiwillige, der sogenannte „allgemeinbildende" Unterricht eines großen Zulaufs erfreut, weil er Erholung nach der Arbeit bedeutet.

Es gibt notwendigerweise mehr oder weniger wertvolle Begabungen; niemand demütigt oder quält jedoch die letzteren, und niemand korrumpiert die ersteren durch Bewundern oder Belohnungen. Jeder tut das, wozu er sich imstande fühlt, und wenn er seine Arbeit gewissenhaft tut, dann genießt er das gleiche Ansehen wie jeder andere.

Selbst wenn wir der offenkundigen Lüge Glauben schenkten, daß die Kinder des Proletariats geistig minder wertvolle Individuen seien als die Kinder der Bourgeoisie, so wäre es immer noch ein Verbrechen, diese Kinder der vergifteten Umgebung der Kellerbehausungen und dem Hunger preiszugeben. Und dennoch geschieht genau das.

Die Kinder unserer Schule — das sind Kinder aus dem arbeitenden Volk; aber wieviele hochbegabte, vielseitige, wertvolle Menschen sind aus ihm hervorgegangen ...

Die von unserer Schule herausgegebene Zeitung bringt Anzeigen über alle frei werdenden Stellen und kurze Informationen über jede der genannten Stellen. Darüber hinaus kann sich der Schüler täglich anhand von Nachrichten informieren, welche Unterrichtsstunden geplant sind und in welchen Räumen sie stattfinden werden, welche Vorlesungen und Versammlungen heute gehalten werden; so kann er sich seinen Stundenplan beizeiten zusammenstellen.

In unserer Schule gibt es weder Verbrechen noch Vergehen, weil aus den Sommerkolonien nur gesunde Kinder zu uns geschickt werden, und weil all das, was diese gesunden Kinder brauchen, von der Schule zur Verfügung gestellt wird. Unsere Schule schafft die Bedingungen, die eine normale Entwicklung der Kinder begünstigen; sie legt niemandem einen Zwang auf, sie hört sich jeden Wunsch aufmerksam an und verhält sich dementsprechend, sie gibt einem jeden eine reizvolle, abwechslungsreiche Arbeit sowie eine gesunde, unterhaltsame Zerstreuung. Das Gericht unserer Schule entscheidet lediglich über einen einzigen Fragenkomplex: über kleine Mißverständnisse unter den Schülern, die nur bei den jüngeren vorkommen, und auch das nur selten. Die einzige Strafe besteht in der Aufforderung, daß der Schuldige sich beim Kläger entschuldigen oder sich für eine gewisse Zeitspanne vom gemeinsamen Arbeitsplatz fernhalten soll. Dazu kommt es jedoch nie und nimmer — der Streit entpuppt sich als ein Mißverständnis, das vom Gericht aufgeklärt wird.

Und so rollt eine komplizierte, riesenhafte Maschine gleichmäßig voran, ohne Erschütterungen, ohne Abweichungen; welch eine Wunder verheißende Weissagung einer zukünftigen, freien, wiedergeborenen, freudigen Menschheit!

Die Volksküche. Das Arbeiterhaus

Wir sind heute schon eine Gesellschaft: wir suchen einander. Allerdings suchen auch die Tiere einander, um sich zu paaren; das stärkere Tier sucht das schwächere, um es aufzufressen, oder um ihm die Beute zu entreißen — das schwächere aber flieht vor ihm und verbirgt sich. So sucht auch der Mensch den Menschen nur, damit er ihm ohne Aufsehen etwas entreißen kann. Es ist keineswegs so, daß wir Dienstleistungen austauschen, die einander gleichwertig sind: denn wir haben keine feststehende Klassifikation für unser Tun, und wir vollbringen unser Tun keineswegs so gut, daß es einem möglichen Ideal nahekäme, zumal wir dafür nicht genügend vorbereitet sind. Mithin besitzen wir keine Skala, an der wir unseren Wert und den Wert unseres Tuns messen könnten. Denn der Mehrwert, den wir ohne alles moralische Recht erringen, bringt uns einen Vorteil, und die Summe dieses Mehrwerts bildet eine Sicherheit für unser Alter oder für den Krankheitsfall. Zugleich stellt dieser Mehrwert ein Kapital für unsere Kinder dar, die ohne eigenes Recht und ohne eigenes Verdienst von unserem unmoralischen Tun profitieren. Es gibt nichts, was wir mit gemeinsamer Kraftanstrengung aufbauen; der Zufall regiert alles — also der Zufall dieser oder jener Herkunft, der Zufall des guten oder des bösen Willens eines einzigen Individuums, der Zufall der einen oder der anderen Entdeckung — mit einem Wort: der Zufall an sich.

Die Frage des Kampfes um die Nahrung steht in unserer Gesellschaft auf dem gleichen Niveau wie bei den Tieren. Das männliche und das weibliche Tier gehen morgens auf die Jagd und tragen das Futter für ihre Jungen zusammen; wenn ihnen dies aber nicht gelingt, wenn sie träge oder krank sind, oder wenn sie nur an sich selbst denken — dann krepieren die Jungen vor Hunger.

Welchen Fortschritt können wir in der Frage der Ernährung innerhalb unserer zivilisierten menschlichen Gesellschaft erkennen? In dieser Gesellschaft gibt es die gleichen stinkenden Küchen, wie sie bei den wildesten Völkern vorkommen, bei denen das gesamte Leben eines menschlichen Wesens geopfert wird, um vier seinesgleichen damit zu füttern. Der vierte Teil der Menschheit! Nein, bei uns gibt es noch Tausende oder Hunderttausende von Gasthäusern, Milchstuben, Konditoreien und Restaurants — lauter Betriebe, die darauf ausgehen, möglichst teuer das zu verkaufen, was sie möglichst billig eingekauft und mit Hilfe möglichst billiger Arbeitskräfte verarbeitet haben.

Ausgerechnet in diesem Bereich, von dem die Lösung für eines der wichtigsten sozialen Probleme ausgehen sollte, haben sich die Trunksucht, das Glücksspiel und die Ausschweifung ein warmes Nest gebaut. Und so setzt auch hier — wie überall — die Konkurrenz den Preisen nicht jene Regulatoren, welche die Entschlossenheit der Unternehmer, hohe Verdienstspannen zu gewinnen, zügeln könnten; die Konkurrenz führt vielmehr dazu, daß Waren verfälscht werden, daß der Geschmack der Verbraucher verdorben wird, und daß die Arbeitnehmer ausgebeutet werden. Den Löwenanteil an den Einnahmen aus diesen trüben Quellen schöpfen die einzelnen Staaten für sich ab; und um diesen Preis unterhalten sie Armeen, und um diesen Preis bauen sie schlechte Schulen ... Ebenso übel — wenn nicht gar noch schlimmer — ist es um eine weitere, ebenso wichtige soziale Forderung bestellt: die Wohnung. In dieser Hinsicht sind die Tiere glücklicher daran als die Menschen, weil sie das wesentliche Recht besitzen, ihre Lagerstätten und ihre Schlupfwinkel mit eigenen Kräften zu bauen.

Die Wohnungsfrage hat um den sogenannten „heimischen Herd" eine Legende gewoben. Heute ist aber jedes große Wohnhaus in der Stadt und beinahe jede Hütte auf dem Dorf ein grandioses Internat des Lebens, in dem Frauen und Männer, Buben und Mädchen — aller Altersstufen und aller Stufen der Degeneration — gemeinsam miteinander und unter einem gemeinsamen Dach abscheuliche Orgien feiern; über diese Orgien schweigt sich die öffentliche Moral aus, weil deren Aufdeckung die Legende von der Heiligkeit der sogenannten Unauflöslichkeit der Familie ein für allemal zerstören würde. Die Familie ist schließlich die Einheit, auf die sich das Recht auf Eigentum und die Existenz des Staates stützen, aber auch die Konkurrenz der Nationen untereinander und viele andere Ungerechtigkeiten, die sich unter dem Mantel des Rechts verbergen.

Die Antwort auf die Fakten, die unsere Abteilung für die Volksküche und für das Arbeiterhaus ans Tageslicht gebracht und veröffentlicht hatte, war eine lebhafte Agitation für den Bau von Volksküchen und die Errichtung von neuen Arbeiterkolonien. Freilich ist dies, im Vergleich mit dem riesengroßen Problem, das wir den maßgeblichen Kreisen zur Überlegung anempfohlen haben, geradezu ein unschuldiges Kinderspiel.

Solange wir nicht allen Menschen Brot und ein Dach über dem Kopf geben, dazu die Möglichkeit, sich geistig zu vervollkommnen, solange dürfen wir uns nicht der Täuschung hingeben, wir verdienten den Namen „Menschliche Gesellschaft".

Wenn man eine Maschine mit weniger Kohle, weniger Wasser oder weniger Öl versorgt als sie braucht, dann bleibt sie sofort stehen. Wenn man einem Kinde weniger Luft oder weniger Nahrung zukommen läßt als es braucht, so kann es wohl all das tun, was mit seiner bloßen Existenz zusammenhängt, aber es kann sich nur schwächer und weniger gut entfalten wie andere Kinder. Wenn ein Kind beispielsweise täglich zehn Energie-Einheiten verbraucht, zwei jedoch beiseite legt und aufspart, dann gewinnt es Kraft aus diesen beiden Einheiten und wächst heran — das bedeutet aber, daß wir ihm zwölf Energie-Einheiten geben müssen. Wenn wir ihm jedoch nur zehn Einheiten zukommen lassen, dann wird es davon neun verbrauchen, aber nur von einer wachsen; das bedeutet, daß es langsamer und weniger gut wachsen wird, daß seine Lunge, sein Herz, seine Leber, seine Nieren und sein Gehirn gerade zu dem Zeitpunkt schwächer sein werden, in dem sein äußeres Wachstum abgeschlossen ist; damit beginnt dann jener Lebensabschnitt, in dem sich die Rechnung ausgleicht, in dem sich „Plus" und „Minus" decken.

Wenn aber der Organismus eines Erwachsenen nunmehr zwanzig Einheiten zur Deckung seines Bedarfs benötigt, aber nur sechzehn erhält, dann fehlen ihm vier; diese muß er dem vorhandenen Kapital entnehmen, und er muß mit dem Verbrauch seiner Energie sparsam umgehen; dies wiederum bedeutet für ihn, daß er schlechter arbeitet, und daß er den Fehlbestand schließlich mit leicht brennbarem Stoff auffüllt — das heißt: mit Wodka. Höher entwickelte Staaten unterscheiden sich von unterentwickelten Ländern dadurch, daß sie über mehr Krankenhäuser für Nervenkranke und Schwindsüchtige verfügen. Dieses Problem ist vergleichbar mit einer leichtfertigen Spielerei: wir entfachen ein Feuer; wenn dieses Feuer dann aber auf unser Hab und Gut übergreift, dann müssen wir es mit einem ungeheuren Aufwand an Energie und unter Einsatz größter Mittel löschen.

Unterentwickelte Länder sorgen überhaupt nicht für Krankenhäuser; sie sind damit zufrieden, daß ihnen die Mütter einen frischen Sklaventransport liefern werden. Und es ist merkwürdig, daß in den Reden von Parlamentsabgeordneten von jenen einfachen Wahrheiten nichts zu hören ist: wir können mit dem Bau von Krankenhäusern nicht nachkommen, weil wir sonst Bankrott machen würden.

*

In der Volksküche lernen die Zöglinge nicht, wie man Suppenteller hinstellt oder Suppenmarken einsammelt, und in einem Arbeiterhaus lernen sie nicht, wie man Miete quittiert; aber sie lernen — hier wie dort — dies: wie man aus einfachen, augenfälligen Tatsachen Schlußfolgerungen für das praktische Leben ziehen und diese dann durch die von der Wissenschaft angebotenen Theorien hundertfach vertiefen kann.

Die Zahl der Energie-Einheiten, die zur Erhaltung unseres Lebens notwendig sind, also all das, was unser Leben reguliert, was unsere körperliche und geistige Handlungsfähigkeit lenkt, was die Verbrennung in unserem Organismus zugunsten unseres äußeren Lebens bewirkt — dies alles ist nicht nur der breiten Allgemeinheit unbekannt, sondern sogar der bedeutenden Mehrheit aller Ärzte.

Wie unvollkommen sind aber auch die Methoden der in diese Richtung tendierenden Forschungen, wie nichtig sind die Anstrengungen, welche auf die Verbesserung dieser Methoden abzielen, und wie schwach fallen die Ergebnisse gelegentlicher Forschungen aus.

Jedermann weiß, daß der Mensch atmen und essen muß, weil er andernfalls bald sterben würde; jedermann weiß, daß der Mensch hinreichend essen muß, weil er andernfalls schwach und krank würde. Jedermann aber ist dem Sachverhalt gegenüber blind, daß der Mensch eine Maschine darstellt, die Fett, Eiweiß und Kohlehydrate in eben der Weise für die Errichtung von Bauwerken und für die Schaffung geistiger Meisterwerke verarbeitet, wie eine Dampfmaschine die Kraft der ihrer Feuerung entnommenen Wärme in Bewegung umsetzt, in Arbeit also.

Denn wir vermögen das, was wir sehen, nicht mit dem zu verknüpfen, was wir lesen; das Leben ist das Eine für uns, ein Anderes aber — das Buch; denn die Schule lehrt uns eigentlich nur Dinge, die mit dem Leben nicht das mindeste gemein haben; denn uns hat nie jemand gelehrt, einem Buch zu „glauben". So wenig, wie sich das morgendliche „Vater Unser" auf unseren Tagesablauf insgesamt auswirkt — wir erwarten doch weder das „Reich Gottes" noch vergeben wir „unsern Schuldigern" — ebensowenig beeinflußt das „Vater Unser" der Physiologie, der Chemie oder der Physik unser Tun oder unsere Gedanken auch nur durch ein einziges Wort. Jenseitig ist die Religion, diesseitig aber ist das Leben; jenseitig ist auch die Physiologie, diesseitig aber ist wiederum — das Leben. Zwei Welten stehen einander gegenüber wie die Erde und der Mond: auf der einen Seite die Schule mit dem „Zweier", mit der Promotion, mit dem Patent, mit dem Examen und mit dem Diplom — auf der anderen Seite das Leben, also die Stellung, die Protektion, die Gehaltserhöhung, die Gratifikation, das Theater, die Abendzeitung, die Frau und die Kinder ...

Die Schüler unserer Schule sehen die Fäden, die das Frühstück eines Arbeiters mit dem dickleibigen Folianten im vierten Regal in der Bibliothek verknüpfen; sie sehen desgleichen diese merkwürdige Maschine voller kleiner Röhren, Retorten, Schrauben und Meß-Uhren, die gleichzeitig die Quantität und die Qualität der Atemzüge, der Hautatmung, des Schweißes und der Sekrete ihres eigenen Organismus zu berechnen versteht.

Und darum vergessen unsere Schüler diese Erfahrungen niemals — und darum ist ihr Wissen und ihr Glauben stark und nüchtern.

Unsere wissenschaftliche Abteilung

Was würde man wohl sagen, wenn ein Maler eine Landschaft auf einer riesengroßen Leinwand so darstellte: alle Gegenstände wären gleich groß, und alle befänden sich im Vordergrund? Alle — der Baum, der Stein, der Grashalm, das Eichhörnchen, das Sandkorn und die Sonne — sie alle wären zwei Ellen hoch und eine Elle breit, und sie alle würden wie grelle Farbflecke auf einem schwarzen Hintergrund aussehen. Die Zweige und die Blätter des Baumes wären dann ebenso groß wie sein Stamm; die Nase des Eichhörnchens hätte die gleiche Größe wie sein Schweif, sein Körper oder seine Pfoten. Es gäbe keine Proportionen und keine Perspektiven.

Dies wäre das Werk eines Wahnwitzigen.

Und dennoch — genau diesem Landschaftsbild gleicht der Unterricht, der heutzutage der Jugend erteilt wird. Der Unterrichtsstoff ist mitnichten gemäß den Kategorien des wirklich Wesentlichen, des noch Erstrangigen und des mehr Zusätzlichen eingeteilt, nicht einmal nach den Kategorien der größeren oder der geringeren Wichtigkeit. Es gibt absolute Lehrmaterien, die man unbedingt im Gedächtnis behalten sollte — russische Kinder erinnern sich ihr ganzes Leben lang an die Fabeln von Krylov und französische Kinder an die von Lafontaine; daneben gibt es relative Lehrmaterien, von denen man sich lediglich merken sollte, in welchem Buch sie im Bedarfsfalle rasch nachgeschlagen werden können.

Diese gewaltige Arbeitsleistung einer Klassifikation aller wissenschaftlichen Errungenschaften und aller Kenntnisse vollbringt unsere Schule mit vereinten Kräften; sie wird diese Arbeit so lange fortführen, so lange es Leben gibt.

Die Schule alter Art predigt, daß der Schüler, der die Einzelheiten des Punischen Krieges nicht jeden Augenblick in seinem Gedächtnis parat hat, unwiderruflich ein Jahr seines Lebens verliert. Das Leben lehrt, daß ein Mensch, der seine Syphilis nicht ärztlich behandeln läßt, nicht nur ein ganzes Jahrzehnt seiner eigenen Existenz verliert, sondern darüber hinaus noch die Existenz von Dutzenden anderer Menschen gefährdet. Auf dem „Landschaftsbild des Wissens" von unserem wahnwitzigen Maler nehmen die Taten eines Abenteurers, die vor zwei Jahrtausenden geschahen, ebenso viel Platz ein, wie eine der brennendsten und wesentlichsten Existenzfragen der heutigen Menschheit ...

Unser Schüler begegnet einer Tatsache: den bläulichen Lippen eines Kranken. Wenn man ihm die Ursache dieses Phänomens erklären will, so muß man ihm mit wenigen Worten die Struktur des Herzens und der Lunge erläutern, sodann diejenige der Haut und der Schleimhäute und ferner den Kreislauf, die Zusammensetzung des Blutes und die chemischen Vorgänge bei der Atmung — mithin die Physiologie des Lebens. Von der einen oder der anderen Einzelheit hat er schon auf der Farm, im Internat oder im Lesesaal gehört. Warum öffnen wir in den Schlafsälen die Fenster, warum düngen wir die Erde? „Dies wissen wir, etwas anderes vermuten wir, jenes wissen wir noch nicht."

Die Handbücher der seelenlosen Schulen haben niemals „etwas vermutet", sie haben niemals eingestanden, daß wir „etwas nicht wissen"; wenn sie jedoch zuweilen das für sie peinliche Eingeständnis ihres Nicht-Wissens hervorgestammelt haben, so haben sie dabei niemals zugegeben, daß wir nach *dem* Wissen suchen, das wir irgendwann einmal „wissen werden". Daher stammt der stumpfsinnige Glaube an Dogmen, der die Schaffensfreude, die Initiative und die Selbständigkeit der Jugend vollkommen gelähmt hat.

Wenn unser Schüler aus dem Bereich der losen, nicht miteinander verknüpften Tatsachen, aus dem Bereich der tausend beobachteten Einzelheiten zur Theorie vordringt, zu ihrer Klassifikation, dann erlebt er die grenzenlose Wonne der großen systematischen Denker noch einmal — er erlebt die erhabenen Ekstasen eines Darwin und eines Marx, eines Kopernikus und eines Virchow, eines Kant und eines Pasteur.

Aus dem Chaos entsteht eine schöne Welt!

Nunmehr herrscht immerhin Einigkeit darüber, daß unsere „Schule für das Leben" gesunde, ausgeglichene und tapfere „Werktätige" erzieht. Dennoch bleibt es für viele unverständlich, wieso ein Schüler unserer Schule das gesamte Programm einer staatlichen Schule im Laufe eines Jahres absolvieren und sein Examen bestehen kann. Dies tun allerdings nur ganz wenige aus unserer Schule, nämlich die, welche den Berechtigungsnachweis eines Diploms brauchen. Wären dazu auch Zöglinge einer Schule imstande, die das Gedächtnis nicht zu solcher Entfaltung bringt?

Falls es im Gehirn ein spezielles Zentrum für das Gedächtnis geben sollte — wie beklagenswert wäre der Grad seiner Entfaltung, wenn es von Euch einfältigen Leuten betreut würde.

*

Die vom Getümmel des Lebens säuberlich abgegrenzte wissenschaftliche Abteilung unserer Schule verliert nie den Zusammenhalt mit dem Ganzen.

Wir hatten sie in einen stillen Winkel verbannt, sie prunkvoll ausgestattet, sie hinter Büschen und Bäumen verborgen und mit einem Gitter umgeben.

Damit haben wir einen Fehler gemacht.

Unsere wissenschaftlichen Arbeitsstätten sind jetzt in alle Abteilungen unserer Schule einbezogen — der Lärm des Lebens stört sie dort nicht. Aber nur wenige unserer Zöglinge finden dort für kurze Zeit Geborgenheit.

Vordem wollten wir für die Fürsten des Geistes fürstliche Arbeitsstätten schaffen, ihnen noch mehr Licht und noch mehr Raum geben, und darüber hinaus noch mehr Bequemlichkeit, als dies für eine normale Entwicklung an sich erforderlich ist. Wir wollten ihnen und ihrer Arbeit Ehre erweisen.

Und dann herrschte dort die Kühle mittelalterlicher Klöster — trotz aller Helligkeit und allen Prunkes.

Jetzt arbeiten unsere Historiker in der allgemeinen Bibliothek, unsere Naturwissenschaftler ziehen die Arbeitsstätten innerhalb der allgemeinen Abteilungen der Schule vor, und unsere Techniker die Schlosser-Werkstätten.

Sie alle aber brauchen — auch wenn sie das Material für ihre Arbeiten aus Büchern schöpfen — stets Menschen um sich herum, die von ihren Arbeiten etwas haben.

Unser Schüler kann kein „Gelehrter" sein, wenn er nicht auch „Lehrer" ist. Er braucht die Gewißheit, daß irgend jemand Interesse für seine Arbeit hat und sie weiterführt, er muß seinen Nachfolger kennen, damit er sicher sein kann, daß seine Arbeit nicht untergehen wird, und er braucht jemanden, der ihm zuhört, damit er sich nicht einsam fühlt.

Auf diese Weise entstehen edle Schulen, die nicht durch die Zahl ihrer Schüler, sondern um ihrer inneren Geschlossenheit und um der Intensität ihres Geistes willen reich sind.

Innerhalb unserer Schule gibt es Hunderte von Schulen; aber diejenige ist schon groß, welche sechs Menschen in ihrem Kreise vereinigt . . .

Das Leben wirft zu viele Fragen auf, und zu verschieden sind die Phänomene des menschlichen Geistes, als daß sie bei einem einzigen Gastmahl in großer Zahl vertreten sein könnten. Ein Gastmahl aber

ist jede theoretische Arbeit — wenn auch ein Gastmahl für die Zukunft, während der heutige Tag nach einfachem Brot verlangt . . .
Es gibt freilich auch Schüler, die trotz alledem in keine der tausend Maschen im Netz unserer Schule hineinpassen, die auch aus jedem einzelnen unter den Tausenden von Lehrplänen ausbrechen — die aber dafür etwas Eigenes, etwas Nebelhaftes, etwas Unbestimmtes, etwas Fernes schaffen, suchen oder sich wenigstens danach sehnen. Doch selbst diese wenigen wirft unsere Schule nicht aus ihrer Bahn. Wenn sie auch von sich aus nichts erbringen, was in dieses Buch als echter Beitrag ihrerseits eingeschrieben werden könnte, so geben sie immerhin — ihre Sehnsucht. Solche Schüler tragen das geheimnisvolle Warten auf Wunder bei, dessen Wurzeln wir in unserer eigenen Seele wiederfinden — so können wir unseren eigenen fest umrissenen Weg weitergehen.
Wir haben unseren Flammarion, und wir haben unsere Mathematiker, aber wir haben keinen — Entgleisten.

Die Vergnügungen. Das Volkshaus

Die Frage der Unterhaltung, der Zerstreuung und der Erholung war ebenso wenig erforscht, und sie wurde deswegen ebenso beiläufig und gelegentlich abgehandelt, wie all die anderen Fragen auch. Eines schien allerdings bekannt zu sein: daß sich mit Unterhaltung — gleich wie mit allen anderen Erfordernissen des menschlichen Organismus auch — Geld machen ließ; und man machte es. So wurde der Sexualtrieb in den Sumpf öffentlicher oder heimlicher Bordelle gelenkt, und so wurde auch das Unterhaltungsbedürfnis in Spielhöllen oder in stickigen Theaterbuden befriedigt. Freilich fand man Unterhaltung auch in den dummen Fortsetzungsromanen der Zeitungen, die gleich zentnerweise fabriziert wurden, auf den Promenaden modischer, aber auch verflucht langweiliger und geisttötender Bäder, bei wilden Zirkusspielen oder in Tiergärten, und endlich noch in den verluderten Tempeln der leichten Muse. Allüberall aber hatte die verdummende Wirkung des Alkohols die gleichen Aufgaben: sie sollte das Bewußtsein der Gäste solcher Veranstaltungen trüben und ihnen die Illusion vermitteln, sie seien wirklich vergnügt.
Auf den Bällen begossen sich junge wie alte Weiber ausgiebig mit sogenanntem Parfüm, mit dem die Fabrikanten den Duft von Blüten imitierten — mit der Hilfe verschwitzter Arbeiter! Diese Weiber

schnürten sich die Leber und die Gedärme zusammen, um dergestalt — mochte dies auch eine Tortur und ein Verbrechen wider die Natur sein — jenem Gesetz der Mode zu genügen, das ein paar Geldschneider oder Betrüger aufgestellt hatten; sie dekolletierten die von der Tradition erlaubte Anzahl von Quadratzentimetern ihrer Haut und puderten sie mit feinem, weißem Mehl; ihre Haare wellten sie alle paar Jahre zu anderen Trompeten und Hieroglyphen. Sie drehten sich — gleich den Besessenen des Mittelalters — in dem Viereck eines überhitzten Saales im Kreise, oder sie machten ihre Tanzschritte und Tanzfiguren nach dem Rhythmus einer Musik, die ihrerseits die Wogen goldener Kornfelder oder auch die gleichmäßige Elastizität einer Sprungfedermatratze nachzumachen trachtete.

Und die Männer verzogen sich immer wieder in eine Ecke, um noch einmal eine Portion Tabak zu rauchen, um sich den Schweiß von der Stirne zu wischen und sich bei dieser Gelegenheit auszurechnen, wessen Mitgift sie sich aneignen könnten, oder mit welchem Mädchen sie ein paar Liebesnächte verbringen könnten, ohne sich der Gefahr von Mord und Totschlag auszusetzen.

Auf diese Weise haben sich ganze Generationen von unglückseligen Bedrückern ihr Vergnügen verschafft, und für derartige Vergnügungen haben wiederum unübersehbare Scharen von unglückseligen Bedrückten gearbeitet.

Der Fluch eines entsetzlichen Mißverständnisses lastet auf der Menschheit, und als ihre Feinde gelten eben die, welche diesen Fluch mit einem Machtwort bannen wollen.

Für unsere Schüler ist es ein Vergnügen, aus dem Krankenhaus heraus- und an den Pflug hinzukommen; es ist eine Erholung für sie, die Markthallen hinter sich zu lassen, um eine Stunde auf der Sternwarte, im chemischen Laboratorium oder im Präpariersaal zu verbringen — der Wechsel von Arbeitsweise und Umgebung verschafft ihnen eine ganze Summe neuer Eindrücke. Da wir genötigt sind, unter zeitbedingten Umständen zu arbeiten, also inmitten korrumpierter und auf unsere Reformen nicht vorbereiteter Menschen, gewähren wir unseren Schülern auch die durch Tradition geheiligten Vergnügungen. Darüber hinaus aber geben wir ihnen Anregungen durch unsere eigenen, in ihrer Art einzigartigen Vorträge.

Das eine Mal erzählen sehr viele glückliche, durch unsere Schule geheilte Menschen die Geschichte ihres Lebens. Ein anderes Mal trägt ein verrückter Sonderling seine Anschauungen vor. Dann wiederum verlesen wir die interessante Geschichte eines Gegenstandes, der in unserem Leihhaus verpfändet wurde. Manchmal erläutern wir unseren Schülern den Plan für eine Arbeit, die wir in Angriff genommen haben. Bisweilen sondern wir auch aus einem bestimmten Wissenszweig all das aus, was unbekannt ist.

Und Tausende kommen zu uns, um sich berühren zu lassen, und um sich am Reichtum unseres herrlichen Lebens zu laben.

Dutzende von kleinen Kähnen, von unseren Schülern gesteuert, setzen die Teilnehmer an unserem Sonntagsvergnügen zur Kępa[1] über und bringen sie später, in der Dämmerung, wieder zurück. Unter ihnen sind Staunende und Verstörte, sind solche, die vom Glauben an das Gute in einem künftigen Leben berührt sind, und andere, die in freudigen Träumen erschauern; und dann entschwinden unsere Zufallskameraden in den schmalen Gassen der Stadt, sie, die eins sind mit uns in der Hoffnung, daß die Schule der Zukunft andere, kraftvollere, bessere und glücklichere Menschen erziehen wird, eine neue, verwandelte Generation von freien Bürgern und unabhängigen Werktätigen.

Wer wird den Geist in Ketten legen, während er es doch gewohnt ist, sich mit der dunklen Wolke des Gewitters und mit dem hellen Strahl des Sonnentages zu verbrüdern? Wer wird den Gedanken zum Kriechen zwingen, während dieser doch seine Heimat von Kindheit an auf den himmelhohen Gipfeln der Granitberge hat? Wer wird der Vernunft befehlen, an Lügen zu glauben, während diese doch das Alphabet der Wahrheiten eines Dutzends von Fragmenten des Lebens in ihrem Besitze hat?

Wahrhaftig — traurig ist es um die Menschen bestellt, die durch Galerien trotten und die Bilder an den Wänden betrachten, aber keines von ihnen besonders lieb gewinnen — denn es gehört sich nun einmal, alle Bilder gerne anzuschauen. Traurig ist es um die Menschen bestellt, die tausend Melodien vergöttern müssen, weil das eben so üblich ist, und um die, welche erst über hundert enge Pfade gehen müssen, schließlich müde werden und dann bis zu ihrem Tode doch auf einem einzigen Pfade verharren.

---

[1] „Kępa" oder „Saska Kępa" („Sächsische Kämpe") = Ufergelände am Ostufer der Weichsel gegenüber Warschau; heute ein Villenviertel.

Durch den Wald unseres Lebens bahnt sich jeder seinen eigenen Weg; bei uns hat jeder das Recht, Umwege zu machen, er darf schnell oder langsam gehen; er hat das Recht, zu einer verlassenen Lichtung zurückzukehren, die ihm in lieber Erinnerung geblieben ist; er hat das Recht, seinen eigenen Weg nach umfassenden und allseitigen Kriterien zu wählen; dabei kann er sich auf den Rat eines erfahrenen und theoretisch gebildeten Mentors stützen. Deswegen haben unsere Schüler niemals das Empfinden, daß irgendeine Arbeit sie langweilt, und deswegen brauchen sie keine andere Zerstreuung.

Das Schwimmbecken und das Ruderboot geben unseren Schülern die Möglichkeit, ihre überschüssige, bei der Arbeit nicht verbrauchte Energie auszutoben.

Unsere Studien über das Spiel der Kinder haben die folgenden Hypothesen hundertfach bestätigt: im Spiel sucht das Kind entweder nach einer Abwechslung bei dem, was es tut, bei seiner Arbeit, oder es sucht nach neuen Erkenntnissen; durch dies unbewußte Streben will es sich entweder auf eine höhere Stufe seines geistigen Niveaus emporarbeiten, oder es möchte einfach gern die überschüssige Energie seiner Muskeln freisetzen. Manchmal läßt es sich durch üble Glücksspiele verleiten, die es seiner Umgebung abgeschaut hat, oder aber durch das Bestreben, die Position eines Führers und Gebieters über seine gleichaltrigen Kameraden zu erzwingen — hier zeigt sich der Wille zur Macht, zur Herrschaft.

Wenn wir ein funkelndes Ding vor den Augen eines kleinen Kindes glitzern lassen, oder wenn wir ihm mit einem Spielzeug in die Ohren hinein klappern, dann „spielt" das Kind nicht mit diesen Dingen, wie wir meinen, sondern es untersucht sie so ernsthaft wie der Forscher, der ein ihm unbekanntes Phänomen beobachtet und sich dann mit der Lösung dieses geheimnisvollen Problems plagt; auch das Kind versucht, die einzelnen Bilder eines Phänomens zu greifen, um aus ihnen ein klares und harmonisches Ganzes für seine Zukunft zusammenzufügen.

Das Ausland

Wie ein breiter Strom haben sich umherirrende Auswanderer in fremde Länder ergossen, auf der Suche nach Brot, das sie in ihrem Vaterland nicht finden konnten; andere sind, einer reißenden Springflut gleich, der Wahrheit nachgestürzt, die sie daheim nicht zu schauen vermochten; gleich einer Woge trüben Wassers hat sich die Schar jener unermeßlich vielen dahingewälzt, die nach neuen Sensationen Ausschau hielten. Die ersten haben zu früh den Tod gefunden, die zweiten die Enttäuschung und die dritten die Langeweile. Und diejenigen, welche die animalische Kraft ihrer harten Muskeln im Auslande verkauften, waren bei weitem nicht die Unglücklichsten.

Ich kehre noch einmal zu denen zurück, welche durch die düsteren Zellen der Schule des Todes hindurchgegangen sind. Die in ihrer Entwicklung Zurückgebliebenen, die Leichtsinnigen, die Unseriösen, dann die Unehrlichen, die Zerstreuten und die Ratlosen, die Unwissenden, die Irregeleiteten, die ihrer Seele Beraubten, die Furchtsamen, die Gefangenen ihrer eigenen Gewohnheiten — sie alle haben viel zu spät nach neuen Lebensbedingungen oder nach neuen Eindrücken gesucht, als daß sie noch einmal ein neues Leben hätten beginnen können. Ihre Vergangenheit heftete sich an jeden ihrer Schritte, indem sie höhnisch mit den Ketten rasselte. Mit sich trugen sie lediglich das Einmaleins, ein paar tote Daten aus der Geschichte, ein paar tote Namen aus der Geographie, einige Märchen oder einige Regeln der Grammatik ins neue Leben hinaus, aber sie konnten sich mit keiner Frage, keiner Menschenseele, keinem Phänomen gründlich und allseitig befassen. Daher stumpften sie rasch ab und verscherzten sich das höchste Gut des Lebens: wißbegierig zu sein, sich in etwas hineinzudenken, neugierig Umschau zu halten und helle Freude zu haben an der einfachen Entdeckung dessen, was auch immer existiert.

Man sagt uns nach, daß unsere Schule die himmelblaue Ära der Kindheit aus dem Leben getilgt hätte; wir haben aber — genau umgekehrt — das ganze Leben bis hin zum Grabe mit „Kindheit" übersättigt. Das Kind ist glücklich, weil es von vielen wunderschönen Geheimnissen umgeben ist, die es selbst enthüllen kann. Wenn unser Schüler-Werktätiger erwachsen ist, dann fragt er so:

„Warum sucht ein Getreidekorn aus einem kleinen Fleck Erde gerade die Elemente aus, mit denen es eine Ähre bilden kann, warum sucht der Samen der Reseda aber gerade die Elemente, mit denen er eine Blüte voller Duft entfalten kann, und warum sucht schließlich eine Eichel die Elemente aus, mit denen ein Baum mit eben diesen und nicht anders geformten Blättern wachsen kann — woher nimmt das Tollkraut sein Gift und woher die Himbeere ihre Süße?"

Unser Schüler findet allein schon durch sein Fragen Glück, selbst wenn er sich mit der Antwort gar nicht abplagt.

Die Schüler der Schule des Todes haben schon eine Antwort erhalten, ehe in ihnen überhaupt eine Frage erwachte — aber diese Antwort war stets oberflächlich, traf immer nur zynische Feststellungen und war immer von arroganter Gewißheit. Und deswegen verstehen es die Schüler aus der Schule des Todes nicht zu fragen, und deswegen fürchten sie jede neue Wahrheit, solange der große Magus ihr nicht seinen Segen erteilt; deswegen glauben sie auch ganz naiv an jede relative Wahrheit, sofern eben jener „Super-Kluge"[1] — und sei es mit einem leichten Nicken seines Hauptes — ihr zu existieren erlaubt.

Der Schüler unserer Schule blickt umher, neugierig wie ein Kind, und er freut sich, daß er sehen und fragen kann; er denkt und gibt sich Mühe, bis er graue Haare bekommt. Aber er freut sich auch, wenn andere denken, wenn sie sich umschauen und immer strebend sich bemühen. Und einsam ist er niemals . . .

Menschen, die dem Leben oberflächlich und kurzsichtig gegenüberstehen, die sehen das Ausland so: ein Dutzend Hotels in Bahnhofsnähe, einige Theater und Restaurants, ein Ausflug auf den Pilatus, oder auch ein bißchen Sand an diesem oder jenem Meeresstrand in Europa. Für unsere Schüler hingegen bedeutet „Ausland": die Eiswüsten am Nordpol, die jungfräulichen Wälder Amerikas, der Sand der Sahara, oder die Strömung des Baikal-Sees. Für die ersteren besagt „Ausland": Die Gesellschaft eines gelangweilten Engländers, die eines fettleibigen deutschen Kurgastes oder vielleicht die einer Pariserin, die ihren Ehemann betrügt; für uns heißt „Ausland": Hunderte von unterschiedlichen Kulturstufen und Kulturformen, in denen wir der heutigen Menschheit begegnen — jener Menschheit, die in einem „Gordischen Knoten" gemeinsamen Unglücks verstrickt und dennoch so lachhaft verzettelt ist.

Die Welt ist zu klein, als daß sich der heutige Mensch nicht als ihr Bürger fühlen sollte, als daß die Menschen dieser Welt nicht Brüder sein sollten.

---

[1] Anspielung auf den „Übermenschen" von Friedrich Nietzsche; vgl. auch S. 58 „der Wille zur Macht".

Zu diesem älteren Ausland muß man sagen können: „Du lügst", wenn es einen bewußt in die Irre führen will, ebenso: „Du machst einen Fehler", wenn es sich irrt. Die Lügen und die Irrtümer dieses Auslandes kann das Auge eines fremden Ankömmlings leichter erkennen. Das Ausland muß Irrtümer begehen, wenn es sich dem Ziel nähern will, zu dem die historische Notwendigkeit es hindrängt.

Man muß — durch die äußere Pracht und den Triumph des Auslandes hindurch — mit einem kritischen Blick auch dessen Elend wahrnehmen, man muß die uferlose Qual seiner Furcht und die verzweifelte Mühe seiner sinnlosen Überanstrengung fühlen; erst dann kann man vom Glanz des morgigen Tages und von der Vorstellung loskommen, als mache sich die eigene Nation in einem Kampf mit einem Schwächeren oder mit einem Stärkeren der gedankenlosen Vergeudung geistiger Kräfte schuldig; erst dann kann man sich dessen bewußt werden, daß man die ersten bedrohlichen Risse übersehen hat, die den raschen Zerfall des brüchigen Gebäudes der Vergangenheit anzeigten.

Man sollte auf keinen Fall das auffinden und anschauen, was einem die Ausländer von sich aus zeigen, sondern vielmehr das, was sie einem verhehlen wollen; was sie gemeinsam aufbauen und worauf sie stolz sind, das ist nicht wichtig, sondern das, womit sie zu kämpfen haben und das, wovor sie erbleichen müssen. Man sollte immerhin begreifen, daß man die unrechtmäßig erworbenen Güter, die sie künftig doch einmal werden zurückgeben müssen, von ihrem gesamten Besitz abziehen muß; erst dann lassen sich ihre angeblichen Reichtümer tatsächlich berechnen.

Man sollte nicht den ungewohnten Lauten der fremden Sprache des Auslands lauschen, sondern — dem von der Heimat her vertrauten Schmerz, der die gequälte Menschheit insgesamt verbindet, und man sollte die betrunkene Millionenmasse derer, die Vergessen suchen, mit dem nüchternen Blick des erfahrenen, im eigenen Boden verwurzelten Werktätigen betrachten.

Unsere Zöglinge gehen nicht ins Ausland, um zu betteln oder um zu stehlen, sondern um ihrerseits Reichtümer zu verschenken — sie, die sie selber reich sind, — an diese armen Elenden[1] im Leben.

---

[1] Anspielung auf: „Les Misérables" von Victor Hugo.

Unseren Schülern ist ihre Schule teuer, weil ihnen dort jederzeit Antwort auf ihre Fragen, Hilfe und Rat zuteil wird, und weil sie beim gemeinsamen Aufbau ihrer Schule Spuren ihres eigenen Lebens hinterlassen haben; außerdem wird die Schule sie zu jeder Zeit wieder aufnehmen, wann immer sie an ihre Tür klopfen, sei es, weil sie einmal müde geworden sind, sei es, weil sie sich grundsätzlich in ihren eigenen Kräften getäuscht haben, die sie an ihren guten Vorsätzen gemessen hatten[1], oder sei es auch, weil sie noch eine Idee brauchten, von deren Notwendigkeit sie sich erst während der Arbeit in ihrem Beruf überzeugt haben.

Dies kann eine tote Schule nicht geben. Wenn ein Zögling nach fünfzig Jahren dorthin zurückkehrte, so würde er lediglich anderen Kindern begegnen, die — zwar von anderen Schulbeamten — sonst aber in der gleichen Weise geplagt werden. Diese Beamten wiederum würden mit genau den gleichen unehrenhaften Mitteln gegen die kraftvolle, befehlende Stimme des Lebens kämpfen.

Wenn sich zwei Zöglinge unserer Schule im fernen Ausland begegnen, so ist dies ein Zusammentreffen zweier Brüder, die von ein und derselben Mutter erzogen wurden.

Und mit welch sorglosem Vertrauen übergeben diese Zöglinge uns ihre Kinder — Kinder, die oft in fernen Ländern geboren worden sind.

Die Liebe der Eltern zu den Kindern hat sich von ihrer einstigen, animalischen Form gelöst. Ein Zögling unserer Schule möchte sein eigenes Kind später einmal weder betasten noch belecken, noch möchte er es gegen dessen Willen an der Leine führen. Er übergibt sein Kind der geliebten Zukunft im festen Vertrauen darauf, daß es den Augenblick seiner Zeugung niemals verfluchen wird. Er nimmt Anteil am Schicksal seines Kindes, weil sein Kind ein Mensch ist, den er aus dem Nicht-Sein ins Sein gerufen hat, und weil er damit eine Verantwortung für das Kind und auch gegenüber der Menschheit auf sich genommen hat.

---

[1] Das Wort von den „eigenen Kräften, die an den guten Vorsätzen gemessen werden", ist ein sinngemäßes Zitat aus dem berühmten „Lied der Philareten" von Adam Mickiewicz. Die philosophische Richtung des polnischen Positivismus, der auch Korczak ursprünglich anhing, nahm die Umkehrung dieses Zitats als politische Maxime an: danach sollten die „eigenen Vorsätze an den vorhandenen Kräften gemessen werden".

Einstmals gab es die Familie, in der die Mutter die Tochter lehrte, Brot zu backen, Seife zu kochen, Leinwand zu weben und Strümpfe zu stricken, während der Vater dem Sohne sein Handwerk in der eigenen Werkstatt beibrachte. Aber das ist lange her.

Heute nimmt die Stadt oder die Landgemeinde den Eltern ihr vierjähriges Kind weg und übergibt es einem „Kindergarten"[1]; die Gemeinde expropriiert die Eltern ihres sechsjährigen Kindes, um es für acht Jahre einer Volksschule zu übergeben. Dies kostet Millionen von Steuergeldern. Die Abgaben wachsen, aber trotzdem sind diese Schulen nicht gebührenfrei; Nutzen bringt das also niemandem. Die rücksichtslose, räuberische Privatindustrie spannt das vierzehnjährige Kind ins Joch der Arbeit; und die Stadt drängt ihm die Fachschulen auf. Dies kostet Millionen. Die Steuern wachsen ständig.

Es ist unmöglich, hungrige Kinder in den Schulen gefangen zu halten; also gibt die Stadt ihnen etwas zu essen. Die Eltern steuern nur noch Kleidung und einen stickigen Winkel für die Nacht bei. Aber inzwischen hat die Industrie diesen Kindern ihre Eltern längst gestohlen.

Der Staat nötigt die Kinder zur ärztlichen Behandlung in den Spitälern. Kranke und schwache Kinder schickt er in Erholungsheime. Kriminellen Eltern nimmt er die Kinder weg. Die Zahl der unehelichen Kinder und der Waisen wächst.

All dies verschlingt Millionen. Aber immer weniger Menschen bezahlen Abgaben, nämlich nur die, welche dem Nachtmahr der einstigen, längst gestorbenen Familie nachträumen; diese jedoch ist heute schon ein Leichnam der Vergangenheit, der unter Zwang, durch Verbrechen oder einfach naiv vergewaltigt wird zu leben.

Dies geschieht heutzutage stets dort, wo einige wenige Nationen im Schutz ihrer Kanonen die schwächeren Rivalen ausbeuten. Aber immer wieder erwacht eine neue Nation zur Tat und zur Gegenwehr. Und bald wird es keine Nation mehr geben, die man ungestraft erwürgen könnte; doch der Kampf um den Rest der Schwachen und Unwissenden, die man betrügen, zu Trinkern machen und ausrauben kann, wird immer schwerer werden.

Und was wird dann geschehen?

---

[1] Im polnischen Originaltext „Fröbel-Garten".

Vor dieser Frage erbleicht das reiche, triumphierende Ausland — und es ist nicht einmal mehr imstande, dies Erbleichen zu verbergen.

Das Ausland schleppt sich auf einem gewundenen, blutigen und verzweifelt schmerzhaften Weg seiner Zukunft entgegen. Unsere Zöglinge aber wandern auf einer hellen, geraden und fröhlichen Straße wohlgemut in ihre Zukunft.

Wo das Ausland schon den Tod vor Augen hat, da sehen wir das Leben. Und darum erwecken wir den Eindruck, als seien wir Riesen unter Zwergen . . .

Welches Glück für die Kinder, wenn ihnen die Eltern sterben: sie kommen unter die Obhut des Staates.

Welches Glück für den ehrlichen Arbeiter, wenn er ein Verbrechen begeht: er kommt unter die Obhut des Staates.

Welches Glück für einen Menschen, wenn er blind, taubstumm, geistig zurückgeblieben oder kränklich zur Welt kommt — der Staat nimmt ihn in seinen Schutz. Einen Menschen, der von Geburt an schwindsüchtig ist, versucht der Staat unter großen Opfern zu heilen: Hunderte von gesunden Menschen müssen dafür so lange arbeiten, bis sie schwindsüchtig werden. Einen von Geburt an Schwachsinnigen versucht der Staat arbeitsfähig zu machen, während Tausende von gesunden Arbeitern vergeblich um Arbeit bitten. Man will scheint's unbedingt aus degenerierten und mit Füßen getretenen Verbrechern ehrliche und fleißige Arbeiter machen; deswegen drängt man wahrscheinlich Tausende von ehrlichen Menschen ins Verbrechen.

Man unterdrückt junge Nationen, die voller schöpferischer, wunderbarer Kräfte sind, damit sie für ihre eigene Qual und Not arbeiten.

Das hat mich das mächtige, selbstherrliche Ausland gelehrt.

Ein letztes Kapitel

Ich blättere in meinen Notizen und suche nach einem letzten Kapitel, aber ich kann keines finden. Meine Arbeit wird unermeßlich sein, so wie das Leben unermeßlich ist; und sie wird und muß schematisch sein, weil sie auf die tausend und abertausend Reize, die jeder einzelne der hunderttausend Bereiche des Lebens ausstrahlt, nur mit einem einzigen Ton antworten kann.

Jede Enzyklopädie bedarf schon nach einem Jahr einer Ergänzung; nach einigen Jahren aber bedarf sie einer gründlichen Revision, damit überkommene Wahrheiten entfernt und in die ehrwürdigen Meilensteine des gestrigen Tages umgestaltet werden können, die das Gestern mit dem Morgen verbinden.

Ich suche vergeblich nach einem letzten Kapitel; und ebenso zwecklos wäre die Frage, wann die letzten Fundamente für die neuen Gebäude unserer Schule gelegt sein werden, oder wann das Gerüst von der letzten „Schule für das Leben" entfernt sein wird: der ersten Schule, die — solange die Menschheit besteht — würdig ist, einen geheiligten Namen zu tragen — „Schule des Volkes".

QUELLENHINWEIS

„Die Einsamkeit des Kindes." Polnische Fassung in: Janusz Korczak „Wybór Pism" (Ausgewählte Werke), herausgegeben von Igor Newerly, Band IV, Warschau 1958, S. 360 ff. Erstveröffentlichung in der Zeitschrift „Antena" („Die Antenne"), 5. Jahrgang 1938, Nr. 14 (3.–9. April).

„Die Einsamkeit der Jugend." Ebd. S. 365 ff. Erstveröffentlichung ebd. Nr. 15 (10.–16. April).

„Die Einsamkeit des Alters." Ebd. S. 370 ff. Erstveröffentlichung ebd. Nr. 17 (23.–24. April).

„Eine Schule für das Leben." Polnische Fassung in: Janusz Korczak „Wybór Pism" (Ausgewählte Werke), herausgegeben von Igor Newerly, Band I, Warschau 1957, S. 403 ff. Erstveröffentlichung in der Wochenschrift „Społeczeństwo" („Die Gesellschaft"), Jahrgang 1908, Nr. 1–15 (3. 1.–10. 5. 1908).

Janusz Korczak

Die Fortsetzung von »König Hänschen I.« :

König Hänschen
auf der einsamen Insel

*2., durchges. Auflage 1973. 186 Seiten mit 7 ganzseitigen farb. Illustr. von
Jerzy Srokowski, Leinen*

»Hänschen denkt nach über das,
was er vielleicht falsch gemacht
hat. Er weiß, daß die Kinder
nicht dumm oder böse waren,
sondern daß sie einfach noch
nicht genug Erfahrung hatten,
um sich richtig zu verhalten.
Hänschen hat nun viel Zeit zum
Nachdenken. Er legt auch ein
Tagebuch an, in das er alle
seine Gedanken schreibt. Zum
Beispiel: »Heute habe ich über
das Wasser nachgedacht...«.
Ein anderes Mal überlegt er:
»Ganz früher hatten die Menschen Kienspäne. Dann hatten
sie Kerzen, später Petroleum,
dann Gas und heute Strom. Ob
sie sich wohl noch etwas anderes ausdenken?« Aber der zweite
Band ist nicht nur voll von Hänschens Gedanken, sondern auch von
seinen Erlebnissen...« *Südwestfunk*

König Hänschen I.

*Aus dem Polnischen übersetzt von Katja Weintraub.
4. Auflage 1973. 262 Seiten mit 10 ganzseitigen farb. Illustr. von
Jerzy Srokowski, Leinen*

Vandenhoeck & Ruprecht in Göttingen und Zürich

Janusz Korczak

„In einer Zeit, in der die Bemühungen um den Frieden immer stärker nicht nur als politisches Problem, sondern als menschlich-erzieherischer Auftrag erkannt werden, ehren wir in Janusz Korczak den großen Erzieher, der früh erkannt hat, was wir alle lernen müssen: daß die Pflicht zum Frieden schon beim Kinde anzulegen ist."

Aus der Stiftungsurkunde
für den Friedenspreis des deutschen Buchhandels 1972

Das Recht des Kindes auf Achtung

Herausgegeben von Elisabeth Heimpel und Hans Roos. Aus dem Polnischen übersetzt von Armin Dross. Mit einer Einleitung von Igor Newerly

4., durchges. Aufl. 1988. 379 Seiten, Leinen und kart. Studienausgabe

Aus dem Inhalt: Eine Unglückswoche / Über die Schulzeitung / Lebensregeln. Eine Pädagogik für Jugendliche und Erwachsene / Fröhliche Pädagogik. Meine Ferien. Radioplaudereien des alten Doktors / Bewerbung / Erinnerungen

Wie man ein Kind lieben soll

Herausgegeben von Elisabeth Heimpel und Hans Roos. Aus dem Polnischen von Armin Dross. Mit einer Einleitung von Igor Newerly

9., durchges. Aufl. 1989. 400 Seiten, Leinen und kart. Studienausgabe

Aus dem Inhalt: Das Kind in der Familie / Das Internat / Sommerkolonien / Das Waisenhaus

Wenn ich wieder klein bin
und andere Geschichten von Kindern

Aus dem Polnischen von Ilka Boll und Mieczyslaw Wójcicki

1973. 386 Seiten, Leinen

Korczak erzählt die Geschichten vom Kleinsein eigentlich für die Erwachsenen. Aber auch jüngere Leser, die sich gern an König Hänschen erinnern, können hier das Gespräch mit dem großen Menschenkenner fortsetzen.

Vandenhoeck & Ruprecht in Göttingen und Zürich